CATALOGUE
D'ESTAMPES

ANCIENNES

DES

ÉCOLES FRANÇAISE ET ANGLAISE

DU XVIII° SIÈCLE

PIÈCES IMPRIMÉES EN NOIR ET EN COULEUR

DESSINS ET LIVRES

DONT LA VENTE AUX ENCHÈRES PUBLIQUES AURA LIEU

HOTEL DES COMMISSAIRES-PRISEURS, RUE DROUOT, N° 9

SALLE N° 10

Les Mercredi 27, Jeudi 28 février et Vendredi 1er mars 1895

A deux heures précises.

M° MAURICE DELESTRE	**M. JULES BOUILLON**
Commissaire-priseur	Marchand d'Estampes de la Bibliothèque nationale
27, RUE DROUOT, 27	RUE DES SAINTS-PÈRES, 3

CATALOGUE
D'ESTAMPES
ANCIENNES

CATALOGUE
D'ESTAMPES

ANCIENNES

DES

ÉCOLES FRANÇAISE ET ANGLAISE

DU XVIIIᵉ SIÈCLE

PIÈCES IMPRIMÉES EN NOIR ET EN COULEUR

DESSINS ET LIVRES

DONT LA VENTE AUX ENCHÈRES PUBLIQUES AURA LIEU

HOTEL DES COMMISSAIRES-PRISEURS, RUE DROUOT, Nº 9

SALLE Nº 10

Les Mercredi 27, Jeudi 28 février et Vendredi 1ᵉʳ mars 1895

A deux heures précises.

Par le ministère de Mᵉ **MAURICE DELESTRE**, commissaire-priseur,
Rue Drouot, 27.

Assisté de M. **JULES BOUILLON**, marchand d'estampes de la Bibliothèque Nationale, rue des Saints-Pères, 3

PARIS, 1895

CONDITIONS DE LA VENTE

Elle sera faite au comptant.

Les acquéreurs payeront CINQ POUR CENT en sus des enchères applicables aux frais.

M. BOUILLON, chargé de la vente, se réserve la faculté de réunir ou de diviser les lots.

ORDRE DES VACATIONS

Mercredi 27 février........................	N°s 52 à 302
Jeudi 28 —	303 à 554
Vendredi 1er mars........................	555 à la fin.
— Dessins...................	1 à 52

DÉSIGNATION

DESSINS

BALARD (A.)

1 — Paysage avec monuments dans le fond.
Au fusain. Signé.

BEGA (C.)

2 — Intérieur hollandais.
Au lavis d'encre de Chine et crayon. Signé.

BARRY (J.)

3 — Gibier mort, dont un lièvre suspendu
Aquarelle. Signée.

BARTOLOZZI (F.)

4 — Amour sur des nuages.
A la plume.

5 — Les Amours d'un dieu et d'une déesse.
Au crayon noir.

6 — La Poésie, fleuron.
Au lavis de sépia.

7 — La Tragédie.
Au crayon noir et sanguine.

8 — Mercure.
Au crayon noir et sanguine.

9 — Vénus instruisant l'Amour.
A la plume.

10 — Conseils donnés à un guerrier.
Au crayon noir et sanguine.

BARTOLOZZI (F.)

11 — Jeu d'enfants.
A la plume.

BLOEMAERT (A.)

12 — L'Annonce aux bergers.
A la plume et aquarelle. Signé.

BONNET (L.)

13 — La Déclaration.
A la plume et lavis d'encre de Chine.

BREUGEL (P.)

14 — Scène de sorcières.
A la plume et lavis de sépia.

CALLOT (J.)

15 — Exercices militaires.
A la plume.

CIPRIANI

16 — Têtes d'anges.
Au crayon noir.

COYPEL (Ch.)

17 — Les Vertus et les vices.
A la plume et lavis d'encre de Chine.

CRUIKSHANK

18 — Une Soirée dans le monde.
Aquarelle.

DAGOTY (Attribué à J.-F. Gautier)

19 — *Marie-Antoinette*, reine de France.
Peinture sur papier collé sur carton. La reine est représentée à mi-corps, de face, cheveux relevés ornés de plumes et retombant en boucles sur les épaules; corsage décolleté, bordé d'une guimpe.

DECAMPS

20 — Valet de chiens conduisant une meute.
Au lavis de sépia. Signé du monogramme de l'artiste.

DESRAIS (C.-L.)

21 — Jeune femme à la promenade.
A la plume et aquarelle.

22 — Le Jeune homme et la vieille coquette.
Au lavis de sépia.

DEVERIA (A.)

23 — La Partie carrée.
Au lavis de sépia.

DIVERS

24 — Plans et modèles pour voitures.
Onze dessins à la plume et lavis.

GRANDVILLE (J. J.)

25 — Les Français peints par eux-mêmes
Soixante-quinze dessins à la plume et lavis.

HUET (J. B.)

26 — Paysage avec bergère gardant son troupeau.
Aquarelle.

27 — Le Pont de bois.
Aquarelle.

ISABEY (Eugène)

28 — Vue d'une ville avec rivière sur le devant.
Aquarelle.

JANINET (F.)?

29 — *Marie-Antoinette*, reine de France.
Dessin aux crayons de couleur.

JEAN (P.)

30 — Miss *Decamp*, dans le rôle d'Urania.
Au crayon noir et sanguine.

JOHANNOT (Tony)

31 — Scène tirée de Don Quichotte.
Aquarelle. Signée et datée 1837.

JOHN

32 — Allégorie.
Au lavis d'encre de Chine et aquarelle.

KAUFFMANN (Angelica)

33 — L'Abondance.
Au crayon noir et sanguine.

LALANNE (Maxime)

34 — Paysage avec rivière.
Au fusain.

LAWRENCE (Sir Th.)

35 — Portrait d'une religieuse.
Aquarelle.

LEPELLETIER

36 — Allégorie religieuse, fleuron.
A la plume et lavis de sépia.

LEDOUX (Aug.)

37 — Scène romantique, avec bordure.
Aquarelle. Signée et datée 1836.

MARTIN

38 — Costumes de théâtre, pour ballets.
Vingt-quatre dessins à l'aquarelle.

PILLEMENT (J.)

39 — Foire et fête de campagne.
Deux dessins faisant pendants, au lavis d'encre de Chine. Signés.

REYNOLDS (SIR J.)?

40 — Portrait d'une jeune femme assise, la figure appuyée dans la main.
Aquarelle.

ROWLANDSON ?

41 — Le Concert.
A la plume et lavis de bleu.

SAINT-AUBIN (AUG. DE)?

42 — Promenade des remparts de Paris.
Aquarelle ancienne.

SHARPE (LOUISE)

43 — L'Heureuse nouvelle, composition de trois figures.
Aquarelle.

SOULÈS (EUGÈNE)

44 — Vue du château de Chambord.
Aquarelle. Signée et datée 1838.

STOTHARD

45 — La Jeune mère tenant son enfant sur ses genoux.
Au crayon noir et sanguine.

46 — Le Retour de l'école.
Au crayon noir et sanguine.

TIEPOLO (D.)

47 — La Sainte Trinité.
A la plume et lavis de sépia. Signé.

VALKER

3 - 48 — Porte d'une ville.
   Aux crayons de couleur.

VANLOO (C.

1 - 49 — Jeune femme implorant.
   Aquarelle.

VERNET (C.)

21 - 50 — Course de chars romains.
   Au lavis d'encre de Chine

12 - 51 — Promenade anglaise.
   Aquarelle.

ESTAMPES

ACKERMANN

52 — Fortune, — Faith. Deux pièces imprimées en bistre et publiées en 1799.

ALIX (P.-M.)

53 — *Letourneur*. In-fol., en pied, d'après Desrais. Très belle épreuve.

54 — *Molière* (J.-B. Poquelin de), d'après Mignard. In-fol. en couleur. Très belle épreuve.

ALTDORFER (A.)

55 — Dix pièces gravées sur bois de l'Histoire de la chute de l'homme et de sa rédemption. Belles épreuves.

AMICONI (d'après)

56 — Les quatre parties du monde. Suite de cinq pièces gravées par Wagner. Très belles épreuves, toutes marges.

ANONYMES

57 — Portrait du duc d'Orléans, représenté en roi de Pique. In-8. Très belle épreuve. Rare.

58 — La tête de Louis XVI tenue par la main du bourreau. In-4. Très belle épreuve. Rare.

59 — A la bonne heure, chacun son écot. Belle épreuve en couleur. Rare.

ANSELL (d'après C.)

60 — The Wedding ring, gravé par E. Scott. Très belle épreuve.

BALLONS (Pièces sur les)

61 — **Anonyme.** *Janinet* (J. F.), graveur et aéronaute. In-8. Belle épreuve.

BALLONS (Pièces sur les)

62 — **Bertaux**. Le Moment d'hilarité universelle, ou le triomphe de MM. Charles et Robert au jardin des Thuileries, le 1ᵉʳ décembre 1793. Belle épreuve.

63 — **Chapuy et Miger** (Charles). Pilatre de Rozier, d'après Brion. Deux portraits in-4. Belles épreuves.

64 — **Chereau** (à Paris chez). Expérience de l'aérostat nommé la Montgolfière, faite par M. Pilatre de Rozier à Versailles, le 23 juin 1784.

65 — **Defresne** (d'après). Expérience aérostatique faite par M. Pilatre de Rozier. Jolie pièce en couleur de forme ronde. Belle épreuve. Rare.

66 — **Divers**. Le Degen politique, — La Minerve, vaisseau aérien destiné aux découvertes, par le professeur Robertson. Deux pièces.

67 — Aux amateurs de physique, — Caricature sur Mirabeau, publiée chez Basset, coloriée. Deux pièces.

68 — Expériences aérostatiques. Quinze pièces.

69 — Expériences aérostatiques faites en Allemagne, dont une gravée par Chodowiecki. Trois pièces.

70 — Allégories sur les ballons et portraits d'aéronautes. Douze pièces.

71 — Expériences aérostatiques du xviiiᵉ siècle et de nos jours. Douze pièces.

72 — Expériences aérostatiques anciennes et nouvelles. Quinze pièces.

73 — **Jean** (à Paris chez). Entrée dans la ville de Paris de Sa Majesté Louis XVIII, roi de France et de Navarre, le 4 mai 1814. Pièce coloriée.

74 — **Le Noir** (à Paris chez). Expérience aérostatique faite à Versailles, le 19 septembre 1783. Jolie pièce imprimée en bistre. Rare.

BARKER (d'après G.)

75 — The Young Gipsey, par W. Bond. 1806. Très belle épreuve, toute marge.

BASSET et MARTINET (A Paris, chez)

76 — Les Parisiens en vendange, — Le Colin-Maillard. Deux pièces coloriées. Belles épreuves.

BARTOLOZZI (F.)

77 — The Prosperity of Great Britain contrasted with misery of France, d'après Martyn. Très belle épreuve.

78 — Hope, — Prudence, — Vanity, — Merit. Suite de quatre pièces imprimées en bistre. Belles épreuves.

79 — The three favorite aerial travellers, d'après Rigaud. 1785. Très belle épreuve.

80 — *Catherine II^d.* Empress of Russia, d'après Benedetti. In-fol. en bistre. Très belle épreuve.

81 — Marie-Christine, gouvernante des Pays-Bas, d'après le chevalier Roslin. In-fol. Superbe épreuve avant la lettre (lettres tracées). Marge.

82 — Marie-Antoinette. Petit buste dans un médaillon in-12, imprimé en bistre. Belle épreuve.

83 — Leicester Stanhope, d'après Reynolds. 1789. In-4 en bistre. Très belle épreuve, marge.

84 — Portrait of her Majesty, d'après Beechy. In-fol. Très belle épreuve.

BAUDOUIN (d'après)

85 — Desseins de harnais pour les bourreliers. A Paris, chez de Poilly. Suite de douze pièces. Très belles épreuves, toutes marges.

BAUDOUIN (d'après P.-A.)

86 — L'Amour frivole, par Beauvarlet (E. B., 6). Belle épreuve, sans marge.

BAUDOUIN (d'après P.-A.)

87 — Annette et Lubin, par N. Ponce (E. B., 9). Très belle épreuve.

88 — Le Chemin de la fortune, par Voyez major (E. B., 14). Belle épreuve.

89 — Le Coucher de la mariée, gravé à l'eau-forte par J.-M. Moreau et terminé au burin par J. B. Simonet (16). Très belle épreuve, encadrée.

90 — Jusque dans la moindre chose, par L. J. Masquelier (27). Superbe épreuve avant la lettre, marge.

91 — Perrette, par Guttenberg. Très belle épreuve.

92 — Le Rendez-vous, par L. Bonnet, en couleur. Superbe épreuve, marge.

93 — Les Soins tardifs, par N. de Launay (45). Superbe épreuve avant la lettre, avant les changements faits depuis dans la bordure et avec la tablette blanche. Encadré.

BAUSE (F.)

94 — Vénus et l'Amour, d'après Cignani. Belle épreuve, marge.

BEAUVARLET (J.-F.)

95 — Mgr le Comte d'Artois, et Madame, montée sur une chèvre, d'après Drouais. Belle épreuve, sans lettres.

BELLA (Stephanus della)

96 — Divers embarquements. Suite de six pièces. Très belles épreuves.

97 — Varie figure. Suite de huit pièces. Belles épreuves.

BIGG (d'après W.-R.)

98 — Black Monday or the departure for School, — Dulce domum, or the return from School. Deux pièces en couleur faisant pendants, gravées par J. Jones et publiées en 1790. Très belles épreuves.

BIGG (d'après W.-R.)

99 — The Stray'd favorite restored, gravé par Th. Hellyer et publié en 1798. Très belle épreuve, en couleur.

BOILLY (d'après L.)

100 — La Dispute de la rose, — La Rose prise. Deux pièces formant pendants, gravées par Eymar et Cazenave. Très belles épreuves, imprimées en couleur.

101 — La Douce résistance, — On la tire aujourd'hui. Deux pièces faisant pendants, gravées par Tresca. Très belles épreuves imprimées en couleur.

102 — La Douce résistance, par Tresca. Très belle épreuve.

103 — Mariés d'un jour, — Mariés d'un an. Deux pièces. Belles épreuves.

BOILY

104 — *Beauharnais* (Mme la comtesse de) 1785. In-8 en bistre. Belle épreuve.

BONNET (L.)

105 — *Du Barry* (Madame la comtesse). In-8, en couleur. Très belle épreuve. Rare.

106 — Bazile et Laurette, — Bazile et Luzy. Deux pièces en couleur faisant pendants, d'après Aubris. Belles épreuves.

107 — La Cage dérobée, d'après Halbé. Belle épreuve aux crayons noir et blanc, sur papier bleu.

108 — La Danse. Belle épreuve, en couleur.

BONNET (A Paris, chez)

109 — Histoire de Jeannot. Quatre pièces coloriées.

BOREL (d'après A.)

110 — Le Charlatan, gravé en couleur par L'Éveillé. Superbe épreuve.

BOREL (d'après A.)

111 — La Sentinelle endormie. Belle épreuve, imprimée en couleur.

BOREL et AUBRY (d'après)

112 — Le Mariage conclu, — Le Mariage rompu. Deux pièces faisant pendants, gravées par R. de Launay. Très belles épreuves, marges.

BORTIGNONI (G.)

113 — Napoléon Ier, empereur des Français et roi d'Italie, d'après A. Dumont. In-fol. Belle épreuve.

BOSSE (ABRAHAM)

114 — Les Cris de Paris. Suite de douze pièces dont nous n'avons que onze (G. D., 1341-1352). Belles épreuves, toutes marges.

BOUCHER (d'après F.)

115 — Les Amusements de l'hiver, par J. Daullé. Belle épreuve.

116 — L'Attention dangereuse, par Dennel. Belle épreuve.

117 — La Dormeuse, par J. B. Michel. Très belle épreuve.

118 — Enlèvement d'Europe, — Naissance de Bacchus. Deux pièces faisant pendants, gravées par P. Aveline. Très belles épreuves, toutes marges.

119 — Vénus sur les eaux, par P. E. Moitte. Belle épreuve, marge.

120 — Buste de jeune fille avec roses dans les cheveux, gravé à la manière du pastel, par Bonnet. Très belle épreuve, marge.

121 — Jeune femme debout appuyée sur des draperies, par L. Bonnet. Très belle épreuve aux crayons noir et blanc, imprimée sur papier bleu.

BOUCHER (d'après F.)

122 — Nymphes à la fontaine, gravé aux trois crayons par Demarteau (550). Très belle épreuve.

123 — Vénus sur un lit de repos, par L. Bonnet. Très belle épreuve, imprimée sur papier bleu, marge.

124 — Vénus et l'Amour couchés sur des draperies, gravé à la sanguine par Demarteau (46). Belle épreuve.

BOUCHER et WATTEAU (d'après)

125 — Estampes copiées en Allemagne, d'après divers artistes français. Dix pièces.

BOUCHOT

126 — Parades. Suite de douze pièces coloriées. Grandes marges.

127 — La même suite. Épreuves coloriées.

BOULOGNE (d'après L. DE)

128 — Les Éléments. Suite de quatre pièces gravées par Ant. Regona. Belles épreuves, grandes marges.

BOURDON (LOUISE)

129 — La Chasteté. Jolie pièce en couleur. Très belle épreuve, grande marge.

BOURLIER (M.-A.)

130 — Her Royal highness the Duchess of York, d'après Mme Lebrun. In-4. Belle épreuve.

BOUYS (A.)

131 — Loison (Catherine de), d'après F. de Troy. In-fol. Belle épreuve.

BOYDELL (J.)

132 — Jane, Daugther of lord Wenman, d'après Van Dyck. In-fol. Très belle épreuve.

BRANDOIN (d'après C.)

133 — L'intérieur du Panthéon de Londres, gravé par R. Earlom. 1772. Très belle épreuve.

BRICEAU

134 — *Louis XVI*, roi de France, — *Marie-Antoinette*, reine de France. Deux portraits in-fol. faisant pendants, gravés aux trois crayons d'après De Lorge. Très belles épreuves. Rares.

BROOKSHAW (R.)

135 — Marie-Josèphe-Louise de Savoie, comtesse de Provence, en buste, tenant une rose à la main, d'après Drouais. 1771. In-fol. Superbe et rare épreuve avant la lettre.

BUNBURY (d'après H.)

136 — Billards, gravé par Watson et Dickinson. Belle épreuve.

137 — Conversazione, gravé par W. Dickinson. Belle épreuve.

138 — A riding-House. Pièce en couleur gravée par Bretherton et publiée en 1780. Belle épreuve.

BURKE

139 — The chevalier *d'Eon*, d'après Huquier. In-fol. en manière noire. Belle épreuve.

CALENDI et LAPI

140 — Introduction des Anglais dans le port de Toulon, — Evacuation des puissances coalisées du port de Toulon. 1793. Deux pièces faisant pendants, d'après A. Feraud. Très belles épreuves, toutes marges.

CANU

141 — Céladon et Célie. Très belle épreuve imprimée en couleur.

CANU ET VOYEZ

142 — La Solitude, — Le Bouton de rose, d'après Wille fils. Deux pièces. Belles épreuves.

CARICATURES FRANÇAISES

143 — Promenades aériennes. Trois pièces sur les Montagnes russes.

CARICATURES ANGLAISES

144 — **Bunbury** (d'après). View on the pont neuf at Paris, — A Tour to foreign Parts. Deux pièces faisant pendants, gravées par Bretherton. Belles épreuves.

145 — A Sunday Concert. 1782. Belle épreuve.

146 — Englishman at Paris. 1767, — The last annuity paid, or a salutary trip to the south of France. Deux pièces gravées par Bretherton. Belles épreuves.

147 — A Long Story. 1782, — A Chop-House. 1781. Deux pièces faisant pendants. Belles épreuves.

148 — **Cruikshank**. The raft in danger, or the republican greew disappointed, — Diversions of Hatefield, etc. Trois pièces en forme de frises, coloriées.

149 — Road scrapings. Neuf pièces gravées à l'eau-forte. Belles épreuves.

150 — Amusement for John Bull or the flying camp. Pièce coloriée. Rare.

151 — **Cruikshank et Gillray**. Connoisseurs examining a collection of George Morland, — Promise aux émigrés, — A Peep at the plenipo-... Trois pièces en couleurs.

152 — **Divers**. Anti-dandy infantry triumphant or the velocipede Cavalry unhobbijd. Pièces coloriée.

153 — Juliet and the Nurse, Performed at a little Theatre... Deux pièces en couleur.

CARICATURES ANGLAISES

154 — Caricatures et sujets divers sur les chemins de fer. Six pièces.

155 — Caricatures françaises et anglaises variées. Huit pièces.

156 — Decency, — The Taylors revenge on the Parson, — Ah! s'il y voyait! — Seven shilling pieces... Quatre pièces coloriées.

157 — **Gillray** (G.). A sale of english — 'Beauties in the east indies. En couleur. Belle épreuve.

158 — Farmer Giles and his wife shewing off their daughter Betty to their Neighbours, on her return from School. 1806. En couleur.

159 — A Barbers-shop in Assize time, d'après Bunbury. 1811. En couleur.

160 — The great battle for the championship, between Black George, and dubious Jack, — Parliamentary meeting. 1786, — The Russian bruiser getting his dose with his seconds therds bottle holder and coming for their shave. Trois pièces, caricatures en couleur sur la boxe et l'escrime.

161 — The Wedding Night. Caricature en couleur, publiée en 1797. Très belle épreuve.

162 — A March to the bank. Grande pièce en largeur, publiée en 1787. Coloriée.

163 — Ancient music. Grande pièce coloriée, publiée en 1787.

164 — Habits of new french legislators, and other public functionaries. Suite de douze pièces coloriées, publiées en 1798. Très belles épreuves. Rares.

165 — **Lane** (Th.). Scientific pursuits or Hobby-horse races to the temple of fame. Caricature en couleur sur les ballons. Rare.

CARICATURES ANGLAISES

166 — **Robertson.** The School of eloquence. En couleur.

167 — **Williams.** Match against Time or Wood beats Blood and Bone, — The Parsons hobby or comfort for a welch curate. Deux pièces en couleur.

168 — **Woodward.** Confederation ; or the first fruits of liberty. 1790. Grande pièce en couleur. Très belle épreuve.

169 — Plucking a Rose, — Décence. Deux pièces coloriées.

CARINGTON-BOWLES

170 — Industry, — Prudence. Deux pièces faisant pendants, publiées en 1785. Belles épreuves, marges.

CATHELIN (L.-J.)

171 — Madame (Marie-Jeanne-Louise de Savoie), comtesse de Provence, d'après Drouais. In-4. Très belle épreuve avant toute lettre.

172 — Le même portrait. Très belle épreuve, toute marge.

CHAPLIN et BOURGEOIS (d'après)

173 — Les Premières roses, — L'Amabilité, — L'Attention, — La Douceur. Quatre pièces. Belles épreuves.

CHARDIN (d'après J.-B.-S.)

174 — Le Château de cartes, — La Maîtresse d'école. Deux pièces faisant pendants, gravées par Duflos. Bonnes épreuves.

175 — La Gouvernante, — La Mère laborieuse, — Le Benedicite, — Le Négligé ou Toilette du matin. Quatre pièces gravées en Allemagne et publiées par Haid. Très belles épreuves, grandes marges.

CHARLET

176 — Costumes militaires. Cinq dessins attribués à Charlet.

CHARON (A Paris, chez)

177 — L'honnête homme, — Le fripon. Deux pièces en couleur faisant pendants. Belles épreuves.

178 — Paris tel qu'il est, ou le trompe-l'œil, — Tableau critique de l'Europe, ou les Nations telles quelles sont toutes. Deux pièces coloriées faisant pendants. Belles épreuves.

CHATAIGNER (d'après)

179 — La Séparation, — La Réconciliation. Deux pièces en couleur faisant pendants, gravées par Chollet. Très belles épreuves.

180 — *Bonaparte*, premier consul. In-fol. équestre, en couleur. Très belle épreuve. Rare.

CHEVAU (d'après)

181 — La Savonneuse, par Motey. En couleur. Très belle épreuve. Rare.

CHODOWIECKI (D).

182 — Vignettes et coiffures pour almanachs de poche. Vingt-huit pièces.

183 — Costumes et coiffures pour un almanach de poche. Vingt-quatre pièces. Belles épreuves.

184 — Costumes et coiffures pour un almanach de poche. Dix pièces.

CHODOWIECKI (d'après)

185 — Lotte et Werther. Deux portraits in-8, gravés par Berger. Très belles épreuves. Rares.

CILALIS et GABRIELLI

186 — Marie-Thérèse Charlotte, fille de Louis XVI. Deux portraits différents. Belles épreuves.

CIPRIANI (d'après G.-B.)

187 — Contemplation, gravé par P. Vedovato. En couleur. Belle épreuve, marge.

188 — L'Enfant endormi, gravé par H. Brocas. Belle épreuve imprimée en bistre.

CLOWES (B.)

189 — A School boy. 1772. In-fol. Belle épreuve.

COCHIN (d'après C.-N)

190 — Louis XVI debout au milieu de figures allégoriques, gravé par De Longueil. Très belle épreuve avant toute lettre.

191 — La même estampe. Très belle épreuve, toute marge.

COIFFURES

192 — Ridiculous taste or the ladies absurdity, — The utility of cork rumps. 1777, — Can you forbear laughing. Trois pièces. Belles épreuves. Rares.

193 — Caricatures sur les hautes coiffures du xviiie siècle. Dix-huit pièces publiées en Allemagne. Belles épreuves.

COLLET (d'après J.)

194 — An actress at her toilet, or Miss Brazen Just breecht. 1779. En couleur. Belle épreuve.

COQUERET

195 — *Hoche* (le général). In-fol. en pied, d'après Hilaire Le Dru. Belle épreuve.

CORBUTT et VISPRÉ

196 — *Mrs Brooks*. La Lecture. Deux pièces gravées en manière noire. Très belles épreuves.

COSSE (d'après)

197 — The family distress occasioned by the loss of a child, — The family's hapiness rostored by their child return. Deux pièces faisant pendants, gravées par M. Place et publiées en 1798. Très belles épreuves, marges.

COSWAY (d'après R.)

198 — *Cosway* (R.). Gravé par Bova pupil of Bartolozzi. In-4 en couleur. Belle épreuve.

199 — *Fitzherbert* (Mrs), gravé par John Condé. Très belle épreuve.

200 — Henry. Pièce in-4, la figure et les mains imprimées en couleur. Belle épreuve.

201 — *Récamier* (Mme), par Ant. Cardon. In-fol. en couleur. Très belle épreuve. Rare.

202 — *Tounshend* (Ann Marchioness), gravé par G. Hadfield. In-fol. Très belle épreuve imprimée en bistre.

203 — *Udny* (Mrs), gravé par Bartolozzi. In-fol. Superbe et rare épreuve avant toute lettre et avant la bordure.

204 — La même estampe. Belle épreuve.

COSWAY (d'après MARIE)

205 — The Princess of Wales and the Princess Charlotte, gravé par S. W. Reynolds. In-fol. Belle épreuve.

COTES (d'après)

206 — Joseph and John Gulston, gravé par Green. Belle épreuve.

COUTELLIER

207 — *Julien* (Mme), de la Comédie Italienne. In-4, en couleur. Très belle épreuve, grande marge.

208 — *Michu*, de la Comédie Italienne. In-4, en couleur. Très belle épreuve, marge.

CURTIS

208 bis — *Marie-Antoinette*, reine de France, d'après Dufroc. In-fol. Très belle épreuve.

DAGOTY (Attribué à J.-F. Gautier)

209 — *Marie-Antoinette*, reine de France. Grand in-fol. en couleur.

A mi-corps de face dans un ovale tronqué, cheveux relevés ornés de plumes et retombant en boucles sur les épaules, corsage décolleté bordé d'une guimpe; une guirlande de lis et de roses est fixée sur le devant du corsage et s'étend jusqu'à l'épaule gauche. Sur les épaules, un manteau fleurdelisé et doublé d'hermine. Superbe épreuve de la plus grande rareté.

210 — *Marie-Antoinette*, reine de France.

Elle est représentée en pied, grand costume de cour, vue de face, cheveux relevés ornés de perles qui retombent avec les boucles sur les épaules, toque à plume fixée par une aigrette de diamants. La main droite posée sur une mapemonde qui est sur une table à gauche recouverte d'un riche tapis. Cette pièce de la plus grande rareté n'est pas décrite dans l'ouvrage de Lord Gover : Iconographie de la Reine Marie-Antoinette. Grand in-fol. Superbe épreuve.

DAULLÉ (J.)

211 — La Grecque sortant du bain, d'après Vernet. Très belle épreuve, marge.

DAVESNES (d'après)

212 — Les Prunes, par Vidal. Très belle épreuve en couleur, encadrée.

DEAN (J.)

213 — A Journey to the Watch-House, 1790. Très belle épreuve.

DEBUCOURT (P.-L.)

214 — Le Menuet de la Mariée, 1786, en couleur. Très belle épreuve.

DEBUCOURT (P.-L.)

215 — Les Deux Baisers, 1786, en couleur. Superbe épreuve. Rare.

216 — L'Escalade ou les adieux du matin, 1787, — Heur et malheur, ou la Cruche cassée, 1787. Deux pièces en couleur faisant pendants. Très belles épreuves. Rares.

217 — La Main, — La Rose, 1788. Deux pièces en couleur faisant pendants. Très belles épreuves d'une grande rareté.

218 — Les Bouquets ou la fête à la Grand-Maman, — Les Compliments ou la Matinée du jour de l'an Deux pièces faisant pendants, 1788. Superbes épreuves en couleur.

219 — La Rose mal défendue, 1791. Très belle épreuve.

220 — La Rose mal défendue, 1791, en couleur. Très belle épreuve, encadrée.

220 bis — La Rose mal défendue, par Bonnemain. Très belle épreuve.

221 — La Promenade publique, 1792, en couleur. Superbe épreuve.

222 — Frascati. Belle épreuve en couleur de la copie.

223 — Jouis, tendre mère. Très belle épreuve.

224 — Minet aux aguets. Très belle épreuve, en couleur.

225 — Pauvre Annette, — L'Oiseau privé. Deux pièces faisant pendants. Très belles épreuves avec marges. Rares.

226 — Les Courses du matin ou la Porte d'un riche, 1805. Très belle épreuve, marge.

227 — La Femme et le Mari ou les Époux à la mode, 1803. Très belle épreuve.

228 — Le Tailleur, en couleur. Belle épreuve, marge.

229 — Le Baiser à propos de bottes, en couleur. Très belle épreuve, toute marge.

DEBUCOURT (P.-L.)

230 — Un Usurier, 1804. Très belle épreuve.

231 — Le Matin, — Le Midi, — Le Soir, — La Nuit. Suite de quatre pièces en couleur d'après H. Lecomte. Belles épreuves.

232 — Vue prise dans les environs d'Écouen, — Le Coup de vent. Deux pièces faisant pendants. Belles épreuves.

233 — Exercices de Franconi, n°s 1 et 2. Deux pièces faisant pendants d'après C. Vernet. Très belles épreuves.

234 — Exercice de Franconi, n° 1, d'après C. Vernet. Belle épreuve.

235 — L'Arrivée, d'après C. Vernet. Belle épreuve.

236 — Les Aveugles, d'après C. Vernet, en couleur. Belle épreuve.

237 — Route de Naples, d'après C. Vernet, en couleur. Très belle épreuve, marge.

238 — Route de Poissy, — Route de Saint-Cloud. Deux pièces en couleur d'après C. Vernet. Belles épreuves.

239 — La Marchande de cerises, — Adieux d'un Russe à une Parisienne, — Le Marchand de peaux de lapin. Trois pièces d'après C. Vernet, en couleur. Belles épreuves.

240 — La Marchande de saucisses, — Goûter des Anglais. Deux pièces d'après C. Vernet, en couleur. Belles épreuves.

241 — La Marchande de saucisses, — La Marchande de coco. Deux pièces en couleur d'après C. Vernet. Belles épreuves.

242 — Il n'y a pas de feu sans fumée, — La Partie de plaisir, — Famille écossaise, — Promenade anglaise. Quatre pièces en couleur d'après C. Vernet. Belles épreuves.

DEBUCOURT (P.-L.)

243 — Le Coup de vent, — Anglais en habit habillé. Deux pièces en couleur d'après C. Vernet. Belles épreuves.

244 — Famille écossaise, — Officiers anglais et écossais, — Rencontre d'officiers anglais, — Marche d'officiers anglais. Quatre pièces d'après C. Vernet, en couleur. Belles épreuves.

245 — Adieux d'un Russe à une Parisienne, — Le Cosaque galant. Deux pièces d'après C. Vernet, en couleur. Belles épreuves.

246 — Anglais en habit habillé, — Promenade anglaise, — Rencontre d'officiers anglais, — Les Aveugles. Quatre pièces en couleur d'après C. Vernet. Bonnes épreuves.

247 — Officier de dragons danois, — Houssard autrichien, — Artilleur anglais. Trois pièces en couleur d'après C. Vernet. Très belles épreuves, marges.

248 — Uhlan prussien, — Officiers prussiens, — Cuirassier prussien. Trois pièces en couleur d'après C. Vernet. Très belles épreuves, marges.

249 — Cuirassier français, — Garde national à cheval. Deux pièces en couleur d'après C. Vernet. Très belles épreuves, marges.

250 — Mameluck, — Mameluck à cheval. Deux pièces en couleur d'après C. Vernet. Très belles épreuves, marges.

251 — Cosaque régulier de la garde, — Le Kalmuck, — Militaires de la garde impériale russe et allemande, — Cosaques au bivac, — Le Cosaque galant. Cinq pièces en couleur d'après C. Vernet. Belles épreuves.

252 — Officier et Grenadier de la garde royale française, — Grenadier et Tambour de la garde royale parisienne, — Tambour-Major et Sapeur de la garde nationale parisienne, — Dragon et Lancier de la garde royale française. Quatre pièces en couleur d'après C. Vernet. Très belles épreuves.

DEBUCOURT (P.-L.)

253 — Artilleur et Chasseur anglais, — Tambour russe et anglais, — Militaires anglais, — Militaires écossais, — Rencontre d'officiers anglais, — Marche d'officiers anglais, — Officiers anglais et écossais. Huit pièces en couleur d'après C. Vernet. Belles épreuves.

254 — Poniatowski (Joseph), d'après C. Vernet, en couleur. Belle épreuve.

255 — *Louis XVIII*, d'après Isabey. In-fol. Très belle épreuve.

DEBUCOURT et ALLAIS

256 — Route de Saint-Cloud, d'après C. Vernet, — Le Jockey effrayé, d'après Cotteau. Deux pièces. Belles épreuves.

DEGMAYR (Aug.)

257 — Différentes expressions de la physionomie de l'homme. Dix-neuf pièces. Très belles épreuves, grandes marges.

DELARUE (F.)

258 — Première loge d'un théâtre, — Deuxième loge d'un théâtre. Deux pièces coloriées. Belles épreuves.

DELAUNAY (N.)

259 — *Le Clerc* (Sébastien), d'après Nonnotte. In-fol. Belle épreuve avant la lettre, marge.

DELAUNAY, LANGLOIS et ROMANET

260 — Raynal (G. Th.), — *Joly* (Marie Élisabeth), — *Vence de Saint-Vincent* (Dame Julie de Villeneuve). Trois portraits in-4. Belles épreuves.

DEMARTEAU

261 — La Bacchante, d'après Lebarbier, aux trois crayons. Belle épreuve.

— 28 —

DESCOURTIS

262 — L'Amant surpris, — Les Espiègles. Deux pièces en couleur faisant pendants, d'après F. Schall. Superbes épreuves.

DESRAIS (d'après C.-L.)

263 — La Relevée de couches, — L'oubli de soi-même, — Le Serin chéri, — La Belle Nourrice. Quatre pièces publiées chez Bonnet. Très belles épreuves. Rares.

264 — Vue de la grande parade passée par le premier Consul dans la cour du Palais des Tuileries, gravé par Le Beau. Bonne épreuve.

DESRAIS et LE CLERC (d'après)

265 — Costumes de la suite publiée par Esnault et Rapilly. Quatre pièces. Belles épreuves.

DEVÉRIA (A.)

266 — Nouvelle collection de petites têtes de femmes, dessinées par Deveria. Trente-sept pièces dans la couverture de publication.

267 — Les Heures du jour, — Lettres de l'Alphabet, etc. Huit pièces.

268 — Portraits d'hommes et de femmes. Quatorze pièces. Belles épreuves.

269 — Costumes de divers règnes. Neuf pièces coloriées.

270 — Bals de l'Opéra. Costumes du quadrille historique. Dix-huit pièces, dont un titre, publiés chez Rittner et Goupil. Belles épreuves.

DICKINSON (W.)

271 — The Gardens of Carleton-House, with Neapolitan ballad singers designd 18th May 1784. Superbe épreuve imprimée en bistre, avec marge. Rare.

DIVERS

272 — La Circassienne au bain, — Mazeppa poursuivi par les loups, — Bétail s'abreuvant, etc. Quatre pièces Belles épreuves.

273 — Luxury !!! — Le Mal-placé. Deux pièces dont une en couleur.

274 — Prise de la Bastille, — Démolition du château de la Bastille. Deux pièces coloriées.

275 — *Louis XVI* à la barre de la Convention, — Mort du chevalier Bayard. Deux pièces. Belles épreuves.

276 — Ex-libris variés, assignats, etc. Soixante pièces.

277 — Ex-libris et adresses. Cinquante pièces.

278 — Cartes-adresses et ex-libris. Cinquante pièces.

279 — Etudes de têtes d'après Raphaël. Cinq pièces.

280 — Sujets variés et paysages. Six pièces d'après Albane, Vivarès, G. Poussin, Durer, etc.

281 — Portraits de personnages célèbres. Quinze médaillons imprimés sur trois feuilles, en couleur. Belles épreuves. Rares.

282 — Portraits américains. Douze pièces.

283 — Vues d'Amérique. Dix-huit pièces.

284 — Portraits et sujets variés de diverses époques. Cinquante pièces.

285 — Papiers peints et imagerie populaire. Soixante pièces.

286 — Vignettes pour illustrations de livres du xviii° siècle. Soixante-quinze pièces.

287 — Costumes militaires allemands et russes vers 1830. Cinquante pièces coloriées.

DIVERS

288 — Jeux. Seize pièces.

289 — Cartes à jouer, dessins originaux et vignettes par Chodowicki. Quatre cent quatre-vingts pièces en un album, in-4, broché.

290 — Vues de Nîmes. Sept pièces. Belles épreuves.

291 — Sous ce numéro, il sera vendu quelques lots d'estampes non cataloguées.

DREUX (d'après ALFRED DE)

292 — Equitation. Huit pièces. Lithographies teintées. Belles épreuves.

DROUAIS (d'après F.-H.)

293 — Les enfants du roi de Sardaigne, par C. Melini. Superbe épreuve avant toute lettre.

DUBUFE (d'après)

294 — Coquetterie, — la Mésange. Deux pièces gravées par Maile. Belles épreuves.

DUCERCEAU (J.-A.)

295 — Fonds de coupes. Deux pièces. Belles épreuves. Rares.

DUGOURE (d'après D.)

296 — L'Amour quêteur, — L'Amour volage. Deux pièces faisant pendants gravées par Couché. Très belles épreuves, toutes marges.

297 — L'Amour triomphant, en couleur. Belle épreuve.

298 — Roxelane, par Le Beau. Très belle épreuve, marge.

DUNKER

299 — Soixante-quatorze gravures in-8 pour les Tableaux de Paris de Mercier. Très belles épreuves, toutes marges.

DUPIN

300 — *Marie-Antoinette*, reine de France, d'après Vanloo. In-fol. Très belle épreuve, toutes marges.

EARLOM (Richard)

301 — A fruit piece, — A flower piece. Deux compositions faisant pendants d'après Van Huysum, 1778-1781. Très belles épreuves.

302 — The Royal Academy of arts, d'après Zoffany. 1772. Très belle épreuve.

ÉCOLE ANCIENNE

303 — La Vierge assise au pied d'une muraille, d'après Durer, — Saint Antoine l'Ermite, par Beham, — Le Martyre de sainte Lucie, par Jacques Bellange. Trois pièces. Belles épreuves.

ÉCOLE FRANÇAISE DU XVIII° SIÈCLE

304 — Sujets de chasse et champêtre. Deux modèles pour éventails. Très belles épreuves. Rares.

305 — La Mode triomphante en la place du Change. Pièce curieuse pour les mœurs et costumes, avec vers en bas. Belle épreuve.

306 — La Maîtresse d'école, — le Goûter, — Vénus et l'Amour, — la Douce tentation, etc. Cinq pièces d'après Chardin, Jeaurat, Boucher, Mieris, etc. Belles épreuves,

307 — La France recevant le Dauphin des mains de la reine. Rare épreuve à l'état d'eau-forte.

308 — Coiffures. Dix pièces en couleur. Rares.

309 — Compositions pour dessus de tabatières. Cinquante-sept pièces.

310 — Vignettes pour tabatières. Dix-sept pièces. Belles épreuves.

ÉCOLE FRANÇAISE DU XVIIIᵉ SIÈCLE

311 — Vignettes pour dessus de tabatières. Vingt-huit pièces

ÉCOLE ANGLAISE

312 — *Wilhelmine* de Prusse, reine de Hollande. In-fol. en manière noire. Belle épreuve avant la lettre.

313 — Scènes de mœurs gravées à la manière noire et publiées par Carington-Bowles, Sayer et autres. Sept pièces in-8. Belles épreuves.

314 — Edwin and Angelina, — Sabrina and lady, — Abel and Thirza, — The hours, — Comus and Lady, — Hero awaiting Leander. Sept pièces in-8. Belles épreuves.

315 — Portraits et sujets de genre, gravés en manière noire, par Watson, Bowles, Sayer, etc. Cinq pièces. Belles épreuves.

ÉDELINCK (G.)

316 — *Fléchier* (Esprit), d'après H. Rigaud. In-8. Belle épreuve.

EISEN (Ch.)

317 — Bibliothèque de Madame la Dauphine. In-8. Très belle épreuve. Rare.

318 — La même composition, gravée en contrepartie. Très belle épreuve.

EISEN (d'après Ch.)

319 — L'Amour en ribote, par L. Halbou. Belle épreuve.

320 — *Mareilles* (P. B. H. de Letancourt, comtesse de), gravé par de Longueil. In-4. Très belle épreuve.

321 — Six vignettes de diverses suites. Belles épreuves.

322 — Suite de six vignettes in-8 gravées par de Ghendt, pour illustrer Pygmalion. Bonnes épreuves.

ENGELMANN (Lithographie de)

323 — Lithographe, — Sculpteur, — Actrice, — Journaliste, — Musiciens, — Banquiers. Six pièces coloriées.

ESBRARD (A Paris, chez)

324 — Eugène Beauharnais, — Rapp (le général), — Le prince Poniatowski. Trois portraits in-fol. en pied, en couleur. Belles épreuves.

FERDINAND

325 — Les Vertus innocentes ou leurs symboles sous des figures d'enfants, d'après Van Obstal. Huit pièces.

FISHER (G.)

326 — A french fox dog, d'après G. Stubbs. 1802. Belle épreuve.

FOUET (F.)

327 — N. Bonaparte, premier Consul, d'après Bacler d'Albe. In-fol. Belle épreuve.

FRAGONARD (d'après H.)

328 — Les Hazards heureux de l'escarpolette, par N. de Launay. Superbe épreuve, toute marge.

329 — La Chemise enlevée, par E. Guersant. Belle épreuve.

330 — L'Enfant portant un pantin, gravé à l'eau-forte par Mlle Gérard. Belle épreuve.

331 — Ma chemise brûle, par Aug. Le Grand, en couleur. Très belle épreuve.

332 — Le Verrou, par Mixelle, en couleur. Très belle épreuve. Rare.

FRAGONARD, PETERS et SCHALL (d'après)

333 — Douce rêverie, — L'Amour maternel, — Le Méridien, Trois pièces gravées par Cazenave, Jennard et Lembert. Belles épreuves, dont une en couleur.

FREUDEBERG (d'après S.)

334 — Lison dormait, par P. H. Trière. Belle épreuve.

335 — Les Mœurs du temps, par Ingouf. Très belle et rare épreuve de la planche non réduite.

336 — Le Bain, par Romanet. Belle épreuve avant le numéro.

337 — Les Confidences, par Lingée. Très belle épreuve, toute marge.

338 — Le Coucher, — Le Lever. Deux pièces faisant pendants, gravées par Duclos et Romanet. Très belles épreuves.

339 — L'Evénement au bal, par Duclos et Ingouf. Très belle épreuve avant le numéro.

340 — L'Occupation, par Lingée. Très belle épreuve.

341 — La Visite inattendue, par Voyez l'aîné. Très belle épreuve.

FROMMEL (Ch.)

342 — Vue de Saint-Cloud, en couleur. Belle épreuve.

GAINSBOROUGH (d'après T.)

343 — *Devonshire* (Georgina, duchess of), gravé par H. Meyer. Très belle épreuve. Marge.

GAINSBOROUGH et OPIZ (d'après)

344 — The young cottager, — The Elopement. Deux pièces faisant pendants, gravées par C. Knight et Whessell. Très belles épreuves avant la lettre (lettres tracées). Grandes marges.

GALLE (C.)

345 — Les Muses. Suite de sept pièces. Belles épreuves. Marges.

GARBIZZA (d'après)

346 — Vue de Paris. Vue de la Gallerie du Palais-Royal prise du côté de la rue des Bons-Enfants, gravé par Coqueret. Très belle épreuve en couleur.

GATINE

347 — Uniformes étrangers, — Merveilleuses. Six pièces en couleur d'après Vernet et Finart. Très belles épreuves.

348 — Incroyables. Quatre pièces en couleur d'après Horace Vernet. Belles épreuves.

GAUCHER (Ch.-Et.)

349 — *Du Barry* (Madame la comtesse), d'après Drouais. In-8. Très belle épreuve, toute marge.

GAUTIER et NOEL (A Paris, chez)

350 — Les Oies du frère Philippe. — Les Anglais en goguette. Deux pièces en couleur. Belles épreuves.

GÉRARD (d'après F.)

351 — Napoléon en grand costume, gravé par E. Schuler et G. Metzeroth. Belle épreuve.

GÉRICAULT (T.)

352 — Études de chevaux, par et d'après Géricault. Quatorze pièces.

353 — The coal waggon, — A french farrier, — Horses going to a fair, — The flemish farrier. Quatre pièces de la suite publiée en Angleterre. Très belles épreuves. Grandes marges. Rares.

GIRODET (d'après)

354 — Suite de ving-deux gravures in-fol., par divers graveurs, pour illustrer les Œuvres de Virgile. Belles épreuves.

GOLE (J.)

355 — Louise de la Miséricorde, ci-devant appelée Louise-Françoise de La Baume Le Blanc, duchesse de La Vallière. In-4. Belle épreuve. Marge.

GOLTZIUS (H.)

356 — Les Amours de Mars et de Vénus, d'après B. Spranger (B. 276). Belle épreuve.

GOYA (F.)

357 — La Tauromachie, recueil de quarante estampes représentant différentes manières et feintes de l'art de combattre les taureaux, inventées et gravées à l'eau-forte, à Madrid, par don Francisco Goya. En feuilles.

GOZ (J.-F. DE)

358 — Scènes de mœurs. Quatre pièces, gravées à l'eau-forte.

GRANVILLE (J.-J.)?

359 — Le Chaos, caricature de tout le monde. Dix pièces.

GREUZE (d'après J.-B.)

360 — La Laitière, par J.-C. Le Vasseur. Très belle épreuve avant la dédicace. Sans marge.

GREVEDON (H.)

361 — Impératrices et Reines. Onze pièces coloriées. Belles épreuves.

362 — Études de portraits de femmes. Dix pièces.

HAFFNER (CHRIST.)

363 — Les quatre parties du monde, d'après Amiconi. Belles épreuves.

HAID (J.-E.)

364 — Mrs Crewe, — A lady in a Morning Dress, — La Vivacité, — La Spéculation, etc. Six pièces gravées en manière noire. Très belles épreuves, toutes marges.

365 — Différents jeux. Six pièces. Très belles épreuves, toutes marges.

HAID (J.-E.)

366 — Le Marché conclu, — La Fille mal gardée. Deux pièces faisant pendants. Belles épreuves, toutes marges.

367 — Mari cherchant sa femme à la promenade, — Femme cherchant les agréments du matin. Deux pièces faisant pendants. Très belles épreuves, toutes marges.

368 — Le Matin, — Le Midi, — L'Après midi, — Le Soir. Suite de quatre pièces gravées en manière noire. Très belles épreuves, toutes marges.

369 — Les quatre parties du monde. Suite de quatre pièces gravées en manière noire. Très belles épreuves, toutes marges.

HAMILTON (d'après)

370 — Children playing with a bird, — Children with a Mouse trap. Deux pièces faisant pendants, gravées par Bartoloti. Belles épreuves, toutes marges.

371 — The Morning, — The Evening Noon, — Night, etc. Six pièces gravées par Gabrieli. Belles épreuves coloriées.

372 — Mrs Siddons and her son in the tragedy of Isabella, gravé par Caldwall.

HINTON (Published by)

373 — Spring, — Summer, — Autumn, — Wenter. Suite de quatre pièces gravées en manière noire et publiées en 1802. Très belles épreuves.

HODGES (G.-H.)

374 — Général *Buonaparte*, d'après Rusca. In-fol. en manière noire. Belle épreuve.

HOGARTH (W.)

375 — Combat de coqs, 1759. Très belle épreuve. Rare.

HOPNER (d'après J.)

376 — *Western* (Sophia), gravé par J.-R. Smith. Superbe épreuve imprimée en couleur. Très rare.

377 — *Benwell* (Mʳˢ), gravé par Ward, 1785. Très belle épreuve. Rare.

378 — *Bouverie* (Harriet). In-4 en couleur. Belle épreuve, sans marge.

379 — *Campbell* (Lady Charlotte), — *Langham* (Lady). Deux portraits in-8, gravés par Burke et Cooper. Très belles épreuves.

380 — *Saint-Asaph* (Charlotte, viscountess), — *Andover* (Jane Élisabeth, viscountess). Deux portraits in-8, gravés par Cooper. Très belles épreuves.

381 — *Villiers* (Lady Gertrude), — Duncombe (Lady Charlotte). Deux portraits in-8, gravés par Cooper. Très belles épreuves.

HUCK (d'après G.-J.)

382 — The oyster girl, gravé par J. Young. Très belle épreuve.

HUET (d'après J.-B.)

383 — L'Amant écouté, par Bonnet, en couleur. Superbe épreuve avant toute lettre, encadrée.

384 — Le Berger entreprenant, par Demarteau, en couleur. Très belle épreuve, marge.

385 — La Jeune Fermière au repos, gravé aux trois crayons par Demarteau (471). Belle épreuve.

386 — Jupiter et Danaë, gravé aux trois crayons par Demarteau (577). Très belle épreuve.

387 — La Laitière, gravé aux trois crayons par Demarteau. Belle épreuve.

HUET (d'après J.-B.)

388 — Offrande à l'Amour, — Sacrifice à l'Amour. Deux pièces par Wolff et imprimées en couleur. Bonnes épreuves.

389 — Offrande à l'Amour, par Julien, en couleur. Belle épreuve.

390 — Portrait de Mme Huet, jouant de la guitare, gravé aux trois crayons par Demarteau. Très belle épreuve.

HUET (Paul)

391 — Études de paysages, gravées à l'eau-forte. Quatre pièces. Épreuves sur chine.

HUGUENOT DE LUCIABEL (Mlle)

392 — La Moissonneuse endormie. Belle épreuve en couleur.

HUNT (C.)

393 — New principles, or the march of invention. Pièce en couleur. Rare.

INCROYABLES

394 — Quel est le plus ridicule? Rapprochement et contraste des costumes depuis 1789. Belle épreuve en couleur.

ISABEY (J.)

395 — Caricatures en couleur. Six pièces.

396 — Caricatures lithographiées, en couleur. Six pièces. Belles épreuves.

397 — Caricatures. Huit pièces coloriées.

ISABEY (d'après)

398 — Le Départ, — Le Retour. Deux pièces faisant pendants, gravées par Darcis. Très belles épreuves.

JACKSON (d'après)

399 — *Ellis* (Mrs Agar), gravé par S. W. Reynolds. In-fol. Belle épreuve.

JANINET (F.)

400 — Marie-Antoinette d'Autriche, reine de France et de Navarre, 1777. In-fol. en couleur. Très belle épreuve.

401 — La Toilette de Vénus, d'après Boucher, en couleur. Superbe épreuve du premier tirage, sans marge.

402 — La Noce de village, — Le Repas des moissonneurs. Deux pièces faisant pendants, d'après P. A. Wille fils, en couleur. Très belles épreuves, sans marges.

403 — Cinq coiffures sur une même feuille, en couleur. Très belle épreuve. Rare.

JANINET (F.)?

404 — Hangar de maréchal ferrant, en couleur. Très belle épreuve.

JANSSEN

405 — Ornements pour bordures. N°s 1 et 2 d'une suite. Très belles épreuves.

JAZET

406 — Bivac des Cosaques aux Champs-Élysées, — Course de traîneaux à Krasnoi-Kabak. Deux pièces faisant pendants, d'après Sauerweid. Très belles épreuves. La première est avant la lettre. Encadrées.

407 — Les Petits Bourgeois parisiens en partie de campagne, ou le Dîner renversé, — La Pluie d'orage, ou le Désagrément de dîner en plein air. Deux pièces en couleur faisant pendants. Très belles épreuves. Rares.

JEAN (d'après P.)

408 — Miss *Decamp*, in the character of Urania, gravé par Vendramini, en couleur. Très belle épreuve, encadrée.

JEAURAT (d'après)

409 — L'Amour médecin, — Le Mari jaloux, — L'Enfance, — Le Malade imaginaire. Quatre pièces gravées en manière noire et publiées en Allemagne.

JONES (J.)

410 — *Ramsden* (J.), optician to his Majesty, d'après R. Home. In-fol. Très belle épreuve.

JONES (Th.)

411 — A Pilar of the exchange, en couleur.

JUGEL

412 — Départ du soldat allemand, d'après Wolff, en couleur. Belle épreuve.

KAUFFMANN (d'après Angelica.)

413 — Nymphs sacrificing to Mercury, — Nymphs sacrificing to Love. Deux pièces faisant pendants, gravées par Bonnefoy. Très belles épreuves imprimées en couleur.

414 — The Growing desire, — The Desire satisfied. Deux pièces faisant pendants, gravées par de La Rue de l'Epinay et Roze Lenoir. Très belles épreuves imprimées en sanguine. Marges.

415 — *Éon de Beaumont* (La chevalière d'), gravé par Haward. In-fol. Très belle épreuve.

LAMI et MONNIER

416 — Voyage en Angleterre. Dix-huit pièces en couleur, en livraisons, avec texte.

LANDSEER (d'après E.)

417 — Henriette and Beatrix Hamilton, gravé par Rollet. Belle épreuve.

LANÇON (d'après)

418 — Bœuf à la mode, gravé par Leclerc. Belle épreuve.

LANCRET (d'après N.)

419 — Partie de plaisir, par P. E. Moitte. Très belle épreuve, grande marge.

420 — Les Éléments. Suite de quatre pièces gravées par Probst et publiées en Allemagne, plus deux sujets d'après Watteau. Six pièces.

LAVREINCE (d'après N.)

421 — L'Accident imprévu, — La Sentinelle en défaut. Deux pièces faisant pendants, gravées par Darcis (E. B. 1 et 58). Très belles épreuves imprimées en couleur, marges.

422 — L'Assemblée au concert, par F. Dequevauviller (E. B. 5). Très belle épreuve.

423 — L'Aveu difficile, par Janinet (E. B. 8), en couleur. Très rare épreuve avant toute lettre.

424 — La Balançoire mystérieuse, par Vidal (9). Belle épreuve, sans marge.

425 — Le Billet doux, par N. De Launay (E. B., 10). Très belle épreuve.

426 — La Consolation de l'absence, par N. de Launay (14). Très belle épreuve.

427 — Le Déjeuner anglais. Sans nom de graveur. Belle épreuve. Rare.

428 — L'Indiscrétion, par Janinet (30). En couleur. Très rare épreuve du premier état, avant toute lettre.

429 — Jamais d'accord, — Le Serin chéri. Deux pièces imprimées en couleur, faisant pendants, gravées par Dnargle (Legrand) (32 et 59). Superbes épreuves avec grandes marges. Très rares en aussi bel état de conservation. Encadrées.

LAVREINCE (d'après N.)

430 — La Leçon interrompue, par Vidal (35). Très belle épreuve.

431 — La Marchande à la toilette, — La Soubrette confidente. Deux pièces faisant pendants, gravées par Vidal (37 et 61). Très belles épreuves.

432 — Le Mercure de France, par Guttenberg le jeune (38). Belle épreuve.

433 — Mrs Merteuil and miss Cecille Volange, — Valmont and présidente de Tourvel. Deux pièces en couleur, gravées par Romain Girard (E. B. 39 et 63). Très belles épreuves, marges.

434 — M. Merteuil and Miss Cecille Volange, par Romain Girard (39). Très belle épreuve, imprimée en couleur.

435 — Les Nymphes scrupuleuses, par Vidal (42). Belle épreuve avant la lettre.

436 — Les Nymphes scrupuleuses, par Vidal (42). Très belle épreuve, marge.

437 — Les Offres séduisantes, par J.-L. Delignon (43). Très belle épreuve.

438 — Le Petit conseil, par Janinet. En couleur (48). Belle épreuve.

439 — Le Repentir tardif, par Le Vilain (52). Très belle épreuve.

440 — Les Sabots, par J. Couché (57). Belle épreuve.

441 — La Sentinelle en défaut, par Darcis. Très belle épreuve imprimée en bistre, grande marge.

442 — Les Soins mérités, par Delaunay le jeune (60). Très belle épreuve.

LAVREINCE (d'après N.)

443 — Les Petits favoris. Pièce appelée par M. Bocher : Le Joli chien (App., 4), gravé par Chapuy. Superbe épreuve du premier état, avec un seul chien, en couleur. Encadrée.

444 — Le Joli chien. Pièce gravée de forme ovale, d'après la pièce intitulée : Les Petits favoris, cataloguée ci-dessus, publiée chez Augustin Legrand. Superbe épreuve imprimée en couleur, toute marge.

LAWRENCE (d'après sir Th.)

445 — *Regard*, gravé par J. Thompson. Belle épreuve.

446 — *Siddons* (M^rs). In-fol. en couleur. Très belle épreuve, grande marge. Rare.

LE BEAU

447 — *Marie-Antoinette*, en grand costume de cour, d'après Le Clerc. In-fol. en pied. Très belle épreuve, toute marge.

LE BEAU ET BISI

448 — *Franklin* (Benjamin). Deux portraits différents. Belles épreuves.

LE BLOND (A Orléans, chez SEVESTRE)

449 — *Marie-Antoinette d'Autriche*, reine de France, représentée en grand costume de cour, dans une bordure ornementée. Image populaire coloriée, publiée lors de l'avènement au trône de Louis XVI et de Marie-Antoinette. Grand in-fol. Très rare.

LE CLERC (d'après)

450 — Le Mari à la mode, — Marchande de modes portant la marchandise en ville, — Le Cocu battu, — Le Reproche. Quatre pièces, publiées chez Charbonnier. Belles épreuves. Rares.

LEGRAND (A Paris, chez)

451 — The Parachute, — The Little florist. Deux pièces. Belles épreuves.

LE MIRE et MOREAU

452 — *Joseph II*, empereur d'Autriche, — *Frédéric-Guillaume*, prince de Prusse, gravés par Dambrun, d'après Moreau. Deux pièces. Belles épreuves.

LEPEINTRE (d'après)

453 — La Cage symbolique, par Fessard. Superbe et rare épreuve avant toute lettre, avec le fleuron. La tablette est blanche et indiquée par un simple filet. Dans cet état, le chat est vu de face. Grande marge.

454 — Le duc et la duchesse de Chartres avec leurs enfants, gravé par Saint-Aubin et Helman. Belle épreuve.

LEVACHEZ

455 — *Cambacérès*, second Consul de la République, d'après Devousge. En bas, un bas-relief sur lequel est représentée la scène où Barthélemy, président du Sénat conservateur, présente au Premier Consul l'acte constitutif qui fixe le consulat à vie. In-fol. en couleur. Très belle épreuve.

LEWIS (C.)

456 — S. M. la reine Victoria, d'après J. Deffett Francis. In-fol. en pied. Très belle épreuve avant la lettre.

LINCOLN (d'après Lady)

457 — Jeunes femmes ornant de fleurs le buste de Diane, gravé par Barbier. Très belle épreuve imprimée en bistre, marge.

LŒILLOT et VERNET

458 — Diligences. Sept pièces, lithographies coloriées.

LOUTHERBOURG (d'après de)

459 — Sacrifice de Noé, — The Deluge, etc. Cinq pièces. Belles épreuves.

MALGO (S.)

460 — *Lamballe* (Marie-Thér. Louise de Savoye Carignan, princesse de), d'après Hickel, 1789. In-fol. Superbe épreuve avec marge. Rare.

MARILLIER (d'après

461 — Treize vignettes in-8, pour la sainte Bible. Belles épreuves.

MARIN (L.)

462 — The Pretty Noesgay garle, d'après Greuze, — Provoking fidelity, d'après Parelle. Deux pièces en couleur faisant pendants. Très belles épreuves. Rares.

MARSHALL (Published by J.)

463 — The execution of the late King of France, — The execution of the Queen of France. Deux pièces in-fol. coloriées, faisant pendants, publiées à Londres en 1793. Très rares.

MARTINET (A Paris, chez)

464 — Armée des souverains alliés, année 1815, etc. Dix pièces coloriées.

MASSOL

465 — La Petite Jardinière, d'après Mlle Gilbert. Très belle épreuve, marge.

MAURIN (A.)

466 — Allégorie sur l'Empereur. En haut son portrait et les membres de sa famille. In-fol. Belle épreuve.

MÉCOU (J.)

467 — *Levert* (Mlle E.), sociétaire du Théâtre-Français, d'après Isabey. In-4. Très belle épreuve, marge.

MÉE (d'après ANNE)

468 — *Saint-Asaph* (viscountess), — *Charlemont* (countess of), — Heathcote (lady). Trois portraits in-fol. gravés par Agar et Schiavonetti. Très belles épreuves sur chine, grandes marges.

MERCURY (P.)

469 — *Maintenon* (Mme de), d'après Petitot. Belle épreuve avant la lettre de la première planche,

MONNIER (H.)

470 — Composition in-4 pour les chansons de Béranger. Quatorze pièces coloriées, grandes marges.

471 — Chansons de Béranger, — Répertoire du théâtre de Madame, etc. Quarante-trois pièces noires et coloriées.

472 — Galerie théâtrale. Seize pièces dans la couverture de publication, dont quinze en couleur.

473 — Grisettes. Trente-six pièces coloriées, grandes marges.

474 — Impressions de voyage. Neuf pièces, noires et coloriées.

475 — Mœurs administratives. Douze pièces et un titre. Belles épreuves en couleur.

476 — Récréations. Dix-huit pièces coloriées, avant les numéros.

477 — Récréations. Trente-quatre pièces coloriées, avec les numéros.

MONSALDY

478 — *Dugazon* (Mme), d'après Isabey. In-4 en couleur. Très belle épreuve, marge.

MOREAU (d'après L.)

479 — Le Villageois entreprenant, — On y court plus d'un danger. Deux pièces faisant pendants, gravées par Germain et Patas. Belles épreuves.

MOREAU (J.-M.)

2- 480 — David et Bethzabée, d'après Rembrandt. Belle épreuve, toute marge.

31- 481 — Suite de vingt-huit fleurons pour : Nouvel abrégé chronologique de l'histoire de France, par le président Hénault. Très belles épreuves, toutes marges.

MOREAU (d'après J.-M.)

13 482 — La Course de chevaux, par Guttenberg. Très belle épreuve, toute marge.

20 483 — La Dame du palais de la reine, par P. A. Martini. Belle épreuve.

24 484 — Les Délices de la maternité, par Helman. Très belle épreuve, grande marge.

16 485 — La Grande toilette, par A. Romanet. Très belle épreuve.

22 486 — N'ayez pas peur, ma bonne amie, par Helman. Très belle épreuve.

20 487 — La Rencontre au bois de Boulogne, par H. Guttenberg. Belle épreuve, grande marge.

27 488 — Le Rendez-vous pour Marly, par C. Guttenberg. Très belle épreuve, grande marge.

38- 489 — Le Rendez-vous pour Marly, gravé en manière noire sous le titre de : The Park et publiée à Londres en 1777. Très belle épreuve.

6- 490 — Le Seigneur chez son fermier, par J. L. Delignon. Très belle épreuve, grande marge.

11 491 — Huit pièces gravées en réduction, de la suite du Costume physique et moral. Bonnes épreuves.

7.50 { 492 — Henri IV chez le meunier, par J. B. Simonet. Belle épreuve.
493

MOREAU (d'après J. M.)

493 — Frédéric-Guillaume, prince de Prusse, gravé par Duclos. Deux épreuves.

MOREAU et EISEN (d'après)

494 — Dix vignettes in-8 pour illustrer les œuvres du Tasse. Très belles épreuves, toutes marges.

MOREELSE (d'après)

495 — Marie de Rohan, en bergère, gravé par Stow. In-fol. Belle épreuve.

MORGHEN (R.)

496 — Napoléon, empereur. In-4. Epreuve avant toute lettre.

MORLAND (d'après G.)

497 — A visit to the Child at Nurse, — A visit to boarding School. Deux pièces faisant pendants, gravées par W. Ward et imprimées en couleur. Superbes épreuves montées en dessin. Encadrées.

498 — Le Déjeuner champêtre, — Le Goûter champêtre. Deux pièces faisant pendants, gravées par D. Weiss. Très belles épreuves, marges.

499 — Variety, par Bartoloti. Belle épreuve.

500 — Solitude, — Variety. Deux pièces en couleur faisan pendants. Belles épreuves, sans marges.

501 — La Chasse à la bécasse, — La Chasse du lièvre, — La Chasse de la perdrix, — La Chasse du canard, — La Chasse du grand coq de bruyère et faisan, — La Chasse de la bécassine, — La Chasse du faisan. Suite de neuf pièces, gravées par Suntagh. Très belles épreuves, grandes marges.

502 — Going out, publiée en 1800. Bonne épreuve.

503 — Sujets de chasses. Quatre pièces.

MULLER (J.-G.)

504 — Jérôme Napoléon, roi de Westphalie, d'après Mme Kinson. In-fol. Belle épreuve.

MURRAY (d'après R.)

505 — The Enchantress, par J. Spilsbury. In-fol. en manière noire. Très belle épreuve.

NERLY (F.)

506 — Il Carnavale di Roma. Grande pièce en largeur, coloriée. Très belle épreuve.

NORDHEIN (G.)

507 — Die Schlacht von Bunkerhill, d'après Trumbull. Très belle épreuve avant la lettre (lettres tracées).

NOEL (A Paris, chez)

508 — La Leçon d'équitation, — Marrons rôtis. Deux pièces coloriées. Belles épreuves.

NORTHCOTE (d'après J.)

509 — *Betty* (W. H. West), gravé par J. Heath. In-fol. en pied. Très belle épreuve.

OSTERVALD (A Paris, chez)

510 — Une heure avant le concert, ou les Musiciens à table, — Une heure de retard pour le concert, ou les Musiciens en route par une averse. Deux pièces en couleur faisant pendants. Belles épreuves.

PAYE (d'après R.-M.)

511 — The little volunteer, — Young Sailor. Deux pièces faisant pendants, gravées par J. Young et publiées en 1799. Superbes épreuves imprimées en couleur.

PERRIER

512 — Monseigneur le Dauphin chassant. Très belle épreuve, toute marge.

PERNET

513 — 11ᵉ vue de la Bastille, In-4, en couleur. Très belle épreuve, marge.

PETERS (d'après)

514 — The Fortune teller, — The Gamesters. Deux pièces en couleur faisant pendants, gravées par J. R. Smith et W. Ward. Superbes épreuves. Rares.

515 — The three holy Children, gravé par Peter Simon. Très belle épreuve.

516 — Shakspeare. Merry Wives of Windsor, acte II, scène I, et acte III, scène III. Deux pièces gravées par Peter Simon et R. Thew. Belles épreuves.

517 — Shakspeare. Much ado about nothing, acte III, scène I, gravé par Peter Simon, 1790. Très belle épreuve.

PETERS (d'après)?

517 bis. — Portrait d'une jeune femme représentée en buste, coiffée d'un chapeau orné de plumes. In-fol. Très belle épreuve. Rare.

PETHER (W.)

518 — La Femme de Rubens en bergère, d'après Rubens. In-fol. en manière noire. Superbe épreuve avant la lettre.

519 — Monsieur, d'après Mᵐᵉ Vigée Le Brun. In-fol. en manière noire, 1778. Très belle épreuve.

PETIT

520 — *Solare de la Boissière* (Marie G. L. de La Fontaine), d'après de la Tour. In-fol. Très belle épreuve, marge.

PEZZI (d'après C.-M.)

521 — Décorations pour plafonds. Cinq pièces.

PIAZZETTA (d'après)

522 — Etudes de têtes. Vingt et une pièces.

PIERRE et VANLOO (d'après)

523 — Bacchus et Ariadne, — Les Baigneuses. Deux pièces gravées par Lempereur. Très belles épreuves, toutes marges.

PIGAL

524 — Scène de société, — Mœurs parisiennes, — Scènes populaires, etc. Vingt et une pièces coloriées.

525 — Scènes populaires, etc. Cinquante-sept pièces coloriées.

526 — Scènes populaires et scènes de société. Onze pièces coloriées.

PILLEMENT (d'après J.)

527 — Paysages animés de figures, gravés par J. Wangner, et imprimés en bistre. Quatre pièces. Belles épreuves, marges.

POILLY (A Paris, chez J.-B.)

528 — Modèles de carrosses. Deux dessins à la plume et lavis d'encre de Chine.

POLLARD (J.)

529 — The Ceremony of the procession ad Monten as performed by the studens of Eton collège at salt hill near eton Buckinghamshire. Très jolie pièce en couleur, dessinée et gravée par J. Pollard, et publiée en 1820. Très belle épreuve. Rare.

POMPADOUR (la marquise de)

530 — Médailles, d'après Le Guay. Dix-neuf pièces. Belles épreuves, toutes marges.

PORPORATI (C.)

531 — Le Bain de Léda, d'après Le Corrège. Belle épreuve.

532

PRESTEL (M.-C.)

532 — Hobima's village, d'après Hobbema. En couleur. Belle épreuve.

PRUD'HON (d'après P.-P.)

533 — Berceau du roi de Rome et Toilette de l'impératrice Marie-Louise. Six pièces. Belles épreuves, grandes marges.

RAFFET

534 — Le Colonel du 17ᵉ léger, — Le Drapeau du 17ᵉ léger. Deux pièces. Très belles épreuves.

535 — Citadines, — Dame blanche, — Tricycles, — Ecossaise, — Omnibus. Cinq pièces sur les diligences, dont quatre coloriées.

536 — Artillerie, — Garde nationale du département de la Seine, — Je le sauverai ou je perdrai la vie, — L'Hospitalité, — Artillerie sur les remparts, — Représentant du peuple à l'armée du Rhin, — La Poursuite, — Provins, 1814, — Charge de hussards républicains, — L'ennemi ne se doute pas que nous sommes là, — Marche d'une division, — Dernière charge des lanciers rouges à Waterloo. Onze pièces. Belles épreuves.

537 — Abordage, — Artillerie en marche, — Napoléon donnant des ordres, — Napoléon en traîneau, — Le Canot amiral, — Fantasia. Six pièces gravées sur bois par Lavoignat. Epreuves d'artiste, sur chine.

538 — Planche de l'expédition de Rome, — Siège d'Anvers, — Croquis divers, etc. Quinze pièces. Belles épreuves.

RAMBERG

539 — Marché d'esclaves. En couleur. Belle épreuve.

RAMSAY (d'après A.)

540 — Boyd (Lady), par J. Mac Ardell. In-fol. en manière noire. Très belle épreuve.

RANSON

541 — Modèles de fauteuils. Neuf pièces gravées par Duhamel.

READ (d'après C.)

542 — Elizabeth, dutchess of Hamilton, et Brandon, and dutchess of Argyll, gravé par J. Finlayson, 1770. In-fol. en manière noire. Superbe épreuve. Très rare.

REMBRANDT (P. Van Ryn)

543 — La Grande descente de croix. Belle épreuve.

REYNOLDS (d'après sir J.)

544 — The age of innocence, par J. Grozer, 1794. Très belle épreuve, toute marge.

545 — Charity.— Prudence,— Faith,— Justice,— Fortitude. — Hope, — Tempérance. Suite de sept pièces gravées par G. S. et J. G. Facius, et publiées en 1782. Très belles épreuves.

546 — The Mask, par C. Turner, 1823. Belle épreuve.

547 — Simplicity, par F. Bartolozzi. Belle épreuve.

548 — The Vestal, par W. Tomkins, 1798. Très belle épreuve.

549 — *Blackwood* (colonel John), par W. Say. In-fol. Belle épreuve.

550 — *Horneck* (Miss), par R. Dunkarton. In-fol. Belle épreuve.

551 — Sir Abraham *Hume Bart*, gravé par Lupton, 1814. In-4. Belle épreuve.

552 — *Reynolds* (sir J.), d'après lui-même, gravé par Shervin. Belle épreuve avant la lettre.

553 — *Spencer* (Lord Henry and Lady Charlotte), représentés en pied sur une même planche, gravés par J. Jones. In-fol. Très belle épreuve, la marge du bas coupée.

REYNOLDS (S.-W.)

554 — *Augusta-Sophia* (The princess), d'après Beechey. In-fol. Belle épreuve.

RIDÉ

555 — *Mayeur* (François-Marie), d'après Le Peintre. In-8. Belle épreuve avant toute lettre.

556 — Polymnie, — La Musique. Deux pièces, d'après Boizot, une est avant la lettre.

RIGAUD (d'après J.)

557 — Vues de Paris, Versailles, Saint-Cloud, Marly, Chantilly, Fontainebleau, Saint-Germain-en-Laye, etc. Vingt-quatre pièces coloriées. Belles épreuves, publiées en Angleterre.

RISING (d'après J.)

558 — The beggar boy; or the effects of indolence, — The happy cottagers; or the Swets of industry. Deux pièces faisant pendants, gravées par Young, et publiées en 1801. Superbes épreuves imprimées en couleur, marges.

ROPS (F.)

559 — Ma Tante Johanna, — Le Bon buveur. Deux pièces. Très belles épreuves.

560 — Le Timbre d'argent, — Metella, — L'Ariette, — Titres, etc. Cinq pièces.

561 — Frontispices de livres. Trois pièces. Épreuves sur chine.

562 — Titre de : Bas-fonds de la société. Deux épreuves, dont une imprimée en sanguine.

563 — Titres de livres. Six pièces. Très belles épreuves.

ROSMAESDER (J.-A.)

564 — Promenade de Leipzig. La place de la Barfuspferte jusqu'à la porte de Saint-Thomas. 1777. Belle épreuve.

ROWLANDSON (Par et d'après T.)

565 — An Antiquarian. Pièce rare, en couleur, publiée en 1789. Belle épreuve.

566 — An artist travelling in Wales. En couleur. Très belle épreuve.

567 — Un bain de pied à l'eau froide, — A french dentist Shewing a specimen of his artificial teeth and false palates, — O! Youre a devil, get along do, — Touch for Touch or a female physician in full practice. Quatre pièces en couleur. Belles épreuves.

568 — Banktokens, — Salt Water. Deux pièces coloriées.

569 — Bray of biscay, — Chealsea Reach. Deux pièces en couleur faisant pendants. Belles épreuves.

570 — A Brace of Abraham Newlands. 1799. En couleur. Belle épreuve.

571 — The brilliants. Grande pièce coloriée. Très belle épreuve. Rare.

572 — M. Bullock's exhibition of laplanders. Très belle épreuve en couleur. Rare.

573 — The Bum Shop. 1785. En couleur. Belle épreuve.

574 — A care race, pièce en couleur publiée en 1788. Belle épreuve.

575 — Comedy in the country, — Tragedy in London. Deux pièces en couleur faisant pendants. Belles épreuves.

576 — Connaisseurs. Jolie pièce en couleur publiée en 1799. Très belle épreuve.

577 — Covent-Garden théâtre. 1794. Très belle épreuve, en couleur.

578 — Craesus and Thalia, — The Coblers cure for a Scolding Wife. Deux pièces, en couleur. Belles épreuves.

ROWLANDSON (Par et d'après T.)

10- 579 — Cupids magick lantern. Suite de dix pièces publiées en 1797. Belles épreuves en couleur. — *Kahn*

20- 580 — Damp Sheets, gravé par F. Malton. 1788. En couleur. Très belle épreuve. Rare. — *Gerbeau*

21* 581 — Defrauding the customs, or Shipping of Goods not fairly entered, — L'Emplâtre, — Bug breeders in the Dog days, — English exhibitions in Paris. Quatre pièces en couleur. Belles épreuves. *Deglo* — *J. B.* / *Kahn*
19-

11- 582 — A Diver. 1803. En couleur. — *id*

23- 583 — Dressing for a Birthday. 1796. En couleur Très belle épreuve. — *J. Meyer*

51- 584 — Exhibition stare case. Grande pièce en hauteur coloriée. Belle épreuve. Rare. — *Kahn*

15o 585 — A french family, — An Italian family. Deux pièces en couleur faisant pendants, gravées par S. Alken. 1792. Très belles épreuves. Rares. — *Böhn*

99- 586 — French barraks, — English barracks. Deux pièces en couleur faisant pendants, gravées par Malton et publiées en 1791. Très belles épreuves. Rares. — *Gouchn*

22- 587 — The Gig Shop or Kicking up a breese at nell hammiltons hop. 1811. Caricature en couleur d'une scène de Boxeurs. — *id*

20 588 — Off She Goes, d'après Woodward, — The successful fortune hunter. Deux pièces coloriées. Belles épreuves. — *Kahn*

31 589 — Hunt the Slipper. 1803. En couleur. Très belle épreuve. Rare. *Degl.* — *J. B.*

200 590 — Interruption or inconvenience of a Lodging-House. 1790. En couleur. Très belle épreuve. *Degl.* — *Gerbeau*

39- 591 — John Bull at the Italian opera, — The Last Gasp or toads tools mistaken for Mushrooms, — Hug-muggin, — Kitty Carelest in quod, or Waiting for Jew bail. Quatre pièces en couleur. Très belles épreuves. — *Kahn*

ROWLANDSON (Par et d'après T.)

11- 592 — A Kick-up at a Hazard. Grande pièce en couleur publiée en 1791. Très belle épreuve. Rare.

10 593 — The light horse volunteers of London and Wesminster, commanded by colonel Herries, Reviewed by his Majesty on Wimbledon Common 5th July 1798. Très belle épreuve en couleur. *Hahn*

30 594 — Love laughs at lockmiths. 1811, — La fille mal gardée, or Jack in the box. 1802, — The bishop and his clarke or a peep into Paradise. 1809. Trois pièces en couleur. Belles épreuves. *id*

20- 595 — The old maid, d'après Rubens, en couleur. Très belle épreuve. Rare. *Bayant*

13- 596 — Progress of gallantry, or Stolen Kisses Sweetest, — My dear youre a plumper. Deux pièces en couleur. Belles épreuves. *Kahn*

49- 597 The Romp. 1786, — Saint-George and the Dragon and Mlle riposting. 1798. Deux pièces en couleur. Caricature sur la chevalière d'Éon. Belles épreuves. *J. Meyer*

19- 598 — Saint-Giles's Courtship, — Saint-James's Courtship. Deux pièces faisant pendants, publiées en 1799. En couleur. *Gosselin*

12- 599 — The sculptor. En couleur. Belle épreuve. Rare.

32 600 — A Sketch from nature, gravé par W. P. Carey. Bonne épreuve, coloriée. *Bayant*

19 601 — Sports of a Country fair 1813. Belle épreuve, coloriée.

21- 602 — Sports of a Country fair, — Portsmouth point, — Easterly Winds, or Scudding under bare poles, — Pastime in Portugal or a vint to the Nunnerys. Quatre pièces coloriées. Belles épreuves. *Kahn*

29- 603 — A Sudden Squall in Hyde park, gravé par Malton. Très belle épreuve, en couleur. *Gosselin*

ROWLANDSON (Par et d'après T.)

604 — **Supper, as given at the Pantheon, by the Knights of the bath, on the 26th of May 1788.** Pièce coloriée, en largeur. Très belle épreuve. Rare.

605 — **The supplemental magazine.** 1786. En couleur. Très belle épreuve. Rare.

606 — **Tea on Shore, — Grog on board.** Deux pièces en couleur faisant pendants, publiées en 1794. Belles épreuves. Rares.

607 — **A tit bit for the buggs, — Ad old maid in search of a flea.** Deux pièces en couleur faisant pendants, d'après Woodward, publiées en 1793 et 1794. Belles épreuves.

608 — **Traffic.** 1794. En couleur. Belle épreuve.

609 — **A Two o'clock ordinary.** 1814. En couleur.

610 — **A View on the banks of the thames, — Woh's mistress now.** Deux pièces en couleur. Très belles épreuves.

611 — **View the manual and the ten divisions of the Highland Broad Sword.** Pièce curieuse publiée en 1799. Belle épreuve. Rare.

612 — **Walking Sticks and round-abouts for the year 1801,** d'après Woodward. En couleur.

RUGENDAS (d'après)

613 — **Chasses.** Suite de quatre pièces coloriées. Belles épreuves, marges.

SAINT-AUBIN (Aug. de)

614 — **C'est ici les différents jeux des petits polissons de Paris.** Quatre pièces. Bonnes épreuves.

SAINT-AUBIN (d'après Aug. de)

615 — **Le Concert,** par A. J. Duclos. Très belle épreuve.

SAINT-AUBIN (Par et d'après)

616 — La Sollicitude maternelle, — La Tendresse maternelle Deux pièces faisant pendants, gravées par Sergent, Phelipeaux et Moret. Belles épreuves imprimées en couleur.

SAINT-AUBYN (C.)

617 — Miss Saint-Aubyn, 1789. In-4. Belle épreuve.

SAUERWEID (d'après)

618 — Officier de uhlans russes, — Hussard russe, — Cuirassier russe, etc. Huit pièces gravées par Jazet et Alix. Très belles épreuves.

SAYER (R.)

619 — Good-Advice. Joli portrait de femme. In-4, en couleur, avec vers en bas. Très belle épreuve.

620 — Jemmy's farewell. 1785. En couleur. Belle épreuve.

SCHAFFER (P.)

621 — Vue de l'Hôpital général à Vienne. En couleur.

SCHALLE (d'après F.)

622 — Finissez ! par G. Marchand. Belle épreuve.

SCHENKER

623 — La Liseuse, d'après Massot. Très belle épreuve, marge.

SCHIAVONETTI (N.)

624 — Mort de Jean Paul Marat, d'après Pellegrini. Très belle épreuve.

625 — Maternal instruction, d'après Cipriani. Très belle épreuve avant toute lettre, imprimée en bistre.

SERGENT (A.)

626 — Il est trop tard. 1789. En couleur. Très belle épreuve.

SERGENT (A.)

627 — *Charles-Louis*, archiduc d'Autriche. In-4, en couleur. Belle épreuve.

628 — Marie-Thérèse-Charlotte de France, fille du roi Louis XVI. In-4, en couleur. Superbe épreuve.

SICARDI (d'après)

629 — Oh, che fortuna! gravé par Bouquet. Très belle épreuve imprimée en couleur.

SINGLETON (d'après H.)

630 — Nurture, — Éducation. Deux pièces faisant pendants, gravées par J. Godby et Bond, et publiées en 1793. Très belles épreuves, la première est avec le titre en lettres tracées.

631 — Sunday Evening, or the happy religious family, gravé par S. W. Reynolds et publié en 1802. Très belle épreuve imprimée en couleur, grande marge.

SIROUY ET MOUILLERON

632 — Les Lansquenets, d'après Meissonier. Épreuve avant la lettre, sur japon, — L'Écu de France, d'après Isabey. Deux pièces. Belles épreuves.

SMITH (J.)

633 — The Lord Churchill's two daughters, — *Salisbury* (The Countes of). Deux portraits in-fol., d'après Kneller. Belles épreuves.

634 — *Carter* (Mrs), d'après Kneller. In-fol. Très belle épreuve.

SMITH (J.-R.)

635 — Albina, — Eloisa. Deux pièces faisant pendants. Superbes épreuves avant toute lettre. Rares.

636 — A Bachante, d'après Reynolds. Très belle épreuve.

SMITH (J.-R.)

637 — La même composition gravée en contrepartie. Bonne épreuve, sans marge.

638 — Les Deux Amies. Très belle épreuve. Rare.

639 — The lady and astrologer, gravé par P. Simon, — Innocence and the old Beau. Deux pièces faisant pendants, publiées en 1802. Très belles épreuves.

640 — A visit to the Grandmother, d'après J. Northcote. 1785. Très belle épreuve.

641 — What you will. En couleur. Très belle épreuve.

642 — A Widow. Très belle épreuve. Rare.

643 — Wood-Nymph, — Shepherdess. Deux pièces faisant pendants, d'après Woodford. Très belles épreuves.

643 bis — *Mills* (Mrs), d'après Engleheart, 1786. Gr. in-4 en couleur. Superbe épreuve sans marge.

SMITH (d'après J.-R.)

644 — La Chanteuse, — Le Joueur d'instrumens. Deux pièces faisant pendants, gravées par Suntach. Belles épreuves.

645 — A lecture on gadding, gravé par Bartoloti. Très belle épreuve, en couleur.

646 — The moralist, par W. Nutter, 1787. Très belle épreuve, toute marge.

647 — Retirement, gravé par Ward. Très belle épreuve, sans marge. Rare.

SMITH ET WARD

648 — A Visit to the Grandmother, — A Visit to the Grandfather. Deux pièces faisant pendants, d'après Northcote et Smith, et imprimées en couleur. Très belles épreuves.

SMITH (B.)

649 — Alderman Newnham, Lord Mayor of the city of London, 1782, d'après W. Miller. Très belle épreuve.

SOMPEL (P. Van)

650 — *Orléans* (Gaston d'), d'après Van-Dyck. In-fol. Très belle épreuve.

SPORT (Pièces sur le)

651 — **Alken** (d'après H.), Bachelor's Hall. Suite de six pièces en couleur. Très belles épreuves.

652 — The leap, — Going to Cover. — Full cry, — The Death. Suite de quatre pièces en couleur, gravées par Bentley. Très belles épreuves.

653 — The first Steeple-Chace on record. Suite de quatre pièces en couleur, gravées par J. Harris. Très belles épreuves.

654 — The right sort. Suite de six pièces en couleur. Très belles épreuves.

655 — The full cry, — Drawing the cover, — Getting away, — The Death. Suite de quatre pièces en couleur gravées par G. Reeve. Très belles épreuves.

656 — **Anonyme**. Double posts and rails. — A flying leap, — Coming a crasher. Deux pièces en couleur faisant pendants. Très belles épreuves.

657 — **Dean Paul** (John). Leicestershire gaudet equis canibusque. Suite de quatre pièces en couleur. Très belles épreuves.

658 — **Harland** (d'après J. S.). The Scarbro's steeple-chase. Run Nov. 4th 1851, gravé par J. Harris. Très belle épreuve, en couleur.

659 — **Pollard** (d'après J.). Portraits de chevaux de courses: Jerry, — Emilius, — Matilda, — Barefoot, — Moses. Suite de quatre pièces en couleur gravées par R. Pollard. Très belles épreuves.

SPORT (Pièces sur le)

660 — The Mail coach in a drift of snow, — The Mail coach in a flood, — The Mail coach in a Storm of Snow, — The Mail coach in a thunder Storm on Newmarket heath. Suite de quatre pièces en couleur gravées par Reeves. Très belles épreuves.

STODART (E.)

661 — The fair Stepmother, — The charming Sister. Deux pièces en couleur faisant pendants, d'après Cosway et A. Plimer. Superbes épreuves, avec marges. Rare.

STOTHARD (d'après J.)

662 — The Landlords family, — The tenants family. Deux pièces faisant pendants, gravées par C. Knight et publiées en 1792. Très belles épreuves avant la lettre (lettres tracées), grandes marges.

SURUGUE et TH. DEVAUX

663 — La France rend grâce au ciel de la guérison du roi, d'après Coypel, — L'Enfant au pantin. Deux pièces. Très belles épreuves.

TASSAERT (P. J.)

664 — Les Enfants de Rubens jouant avec un chien, d'après Rubens, en manière noire. Très belle épreuve, sans marge.

TAUNAY (d'après)

665 — Foire de village, — Noce de village, — La Rixe, — Le Tambourin. Suite de quatre pièces gravées en couleur par Descourtis. Très belles épreuves.

THOMPSON (J.)

666 — His royal highness prince Albert, d'après une miniature de W. Ch. Ross. In-4 en couleur. Très belle épreuve.

TOWNLY (G.)

667 — Savoir vivre sans souci, — Savoir vivre sans six sous. Deux pièces en couleur faisant pendants, publiées en 1783. Très belles épreuves.

TRESCA (A.)

668 — Roman Nymphs, d'après Guttenbrun. Très belle épreuve, toute marge.

TURNER (Ch.)

669 — La reine Élisabeth en grand costume, d'après Crispin de Passe. In-fol. Très belle épreuve, marge.

V... (J.-B.)

670 — Dévouement de Madame Élisabeth dans la journée du 20 juin 1792. Très belle épreuve, imprimée en couleur, marge.

VASSÉ (d'après)

671 — Louis XVI, — Marie-Antoinette, Dauphin et Dauphine de France. Deux portraits in-4, gravés à la sanguine par Demarteau. Belles épreuves. Rares.

VERNET (Carle)

672 — Joly dans le rôle de M. Honte. En couleur. Belle épreuve.

VERNET (d'après C.)

673 — Les Merveilleuses, par Darcis. Belle épreuve, coloriée.

674 — Les Apprêts d'une course, — L'Arrivée de la course, — Les Jockeys montés, — La Course. Suite de quatre pièces, en couleur gravées par Darcis. Belles épreuves.

675 — Chasseur à la découverte, — Chasseur à l'affût, — Lancier français au galop, — Lancier de la garde royale française, — Officier anglais en inspection. Cinq pièces gravées par Levachez. Belles épreuves.

VERNET (d'après C.)

676 — Le Jockey au montoir, — Le Cavalier démonté, — Le Cheval bouchonné, — La Barrière franchie, — Cheval de chasse, — Le Départ au galop, — Le Galop, — Le Saut. Huit pièces en couleur. Belles épreuves, grandes marges.

677 — Relais de chiens, — Le Cerf sur ses fins, — Le Cerf lancé, — La Curée, — Le Rendez-vous ou l'assemblée, — Une harde qui découple, — Le Cerf à l'eau, — Le Rameuté, — L'Attaque, — Le Défaut relevé, — Le Change, — Le Défaut, — Valet de chiens requêtant des chiens, — Le Débouché. Quatorze pièces. Belles épreuves, toutes marges.

678 — Bonaparte à cheval, gravé par Schenker. In-fol. Très belle épreuve, marge.

VERNET (d'après C. et H.)

679 — Études de chevaux. Six pièces en couleur gravées par Levachez. Belles épreuves.

VERNET ET AGASSE (d'après).

680 — Les Chevaux en liberté, — Le Pâturage. Deux pièces gravées par Levachez. Belles épreuves.

VIDAL

681 — Christophe Colomb, d'après Challe. Très belle épreuve avant la lettre, grande marge.

VILLENEUVE (A Paris, chez)

682 — Louis XVI coiffé du bonnet rouge et tenant une bouteille à la main. In-4. Très belle épreuve, marge.

683 — *Mirabeau* (Honoré-Gabriel Riquetti, comte de). In-8 sur fond rouge. Très belle épreuve.

VENZO et ZAFFONATO

684 — Marie-Antoinette à la Conciergerie, d'après la marquise de Brehan, — Louis XVI au Temple, d'après Singleton. Deux pièces faisant pendants. Très belles épreuves, grandes marges.

WAGNER (J.)

685 — Sujets champêtres. Suite de douze pièces d'après divers artistes. Très belles épreuves, toutes marges.

WARD (W.)

686 — The fruits of early industry and œconomy, d'après Morland, et publié en 1789. Très belle épreuve.

687 — The effects of extravagance and idleness, — Extravagance and dissipation. Deux pièces faisant pendants, d'après Morland et Singleton, publiées en 1794. Superbes épreuves imprimées en couleur, marges.

688 — Lucy of Leinster. 1788. Très belle épreuve imprimée en couleur, marge.

689 — Monsieur de Saint-George, d'après Brown. In-fol. en couleur. Très belle épreuve, sans marge.

WARD (J.)

690 — The Rocking horse. 1793. Superbe épreuve en couleur. Rare.

WATTEAU (d'après Ant.)

691 — Alte, par Moyreau, — L'Hyver, — L'Esté, — L'Automne, gravés par Huquier. Quatre pièces. Bonnes épreuves.

692 — L'Enlèvement d'Europe, par P. Aveline. Belle épreuve, marge.

693 — La Mariée du village, par Couché. Très belle épreuve avant toute lettre, à l'état d'eau-forte, marge.

WATTEAU (d'après Ant.)

694 — Retour de chasse, par B. Audran. Très belle épreuve.

695 — Portrait d'un éléphant arrivé à Paris en 1770, gravé par Duchesne. Très belle épreuve, marge.

WATTEAU (d'après L.)

696 — La Quatorzième expérience aérostatique de M. Blanchard, faite à Lille le 22 août 1785, gravé par Helman. Belle épreuve avant toute lettre.

WATSON (J.)

697 — The Lover undres's'd, d'après Schalken. Belle épreuve.

WATSON et WILSON

698 — Portrait de jeune femme, d'après R. E. Pine, — *Williams* (Miss Louisa), d'après Farrel. Deux portraits in-fol. Très belles épreuves.

WEBER

699 — La Cigale et la Fourmi. Trois pièces lithographiées, d'après Romain Caze.

WESTALL (d'après R.)

700 — A Boy of Glamorganshire, gravé par Mlle Papavoine, en couleur. Belle épreuve.

701 — Sapho, gravé par E. Scriven. Très belle épreuve, imprimée en couleur.

702 — Vénus et les Amours, gravé par Ruotte. Belle épreuve.

WHEATLEY (d'après F.)

703 — Jeune femme sur un lit de repos, lisant, gravé par R. Stanier. 1788. Très belle épreuve. Rare.

WIERIX (les)

704 — *Farnèse* (Alexandre), dans une bordure de fleurs. Belle épreuve.

705 — *Henri III*, roi de France. In-fol. non décrit. Gravé en contre-partie et de la même grandeur que le portrait décrit par Alvin au n° 1918. Superbe épreuve du premier état, avant l'inscription en haut de la planche et avec l'adresse de Paul de la Houe. Rare.

706 — *Henriette de Balzac*, marquise de Verneuil (Alv. 1860). Belle épreuve, avec l'adresse de H. Adolfz.

WIGSTEAD (d'après H.)

707 — *The Married man*, — *The Bachelor*. Deux pièces en couleur, faisant pendants, gravées par S. Alken, 1786. Très belles épreuves. Rares.

708 — *The tithe pig*. Pièce en couleur, publiée en 1786. Belle épreuve.

WILLIAMSON (published by)

709 — *The prologue*, — *The epilogue*. Deux pièces faisant pendants. Très belles épreuves.

WILLE (d'après P.-A.)

710 — *Dédicace d'un poème épique*, — *L'Essai du corset*. Deux pièces faisant pendants, gravées par Dennel. Très belles épreuves.

WORTMANN (C.-A.)

711 — *Anne*, impératrice de Russie. In-fol. en pied. Belle épreuve.

ZUNDT (Mathias)

712 — *Louis III de Bourbon*, prince de Condé (Pass. 7). Deux portraits différents.

LIVRES

713 — **Almanach**. Les Procédés galants ou les exploits des amans braves et genereux. A Paris, chez Janet. Almanach de poche pour l'année 1800. In-18, fig. d'après Queverdo.

714 — **Almanach** dédié aux bons citoyens. A Paris chez Blanmayeur. Almanach de poche pour 1793. In-18, fig. d'après Queverdo.

715 — **Almanach** de Gotha, contenant diverses connaissances curieuses et utiles, pour l'année 1777. 1 vol. in-18, broché.

716 — **Chalon** (J. J.). Vingt-quatre sujets des Costumes de Paris et incidents d'après nature, lithogr. en couleur, accompagné des Costumes Romains, par Pinelli et Hullmandel. Londres, 1822, demi-rel. 1 vol. pet. in-fol.

717 — Twenty four subjects exhibiting the costume of Paris, the incidents taken from nature, disigned and drawn one stone by J. J. Chalon, 1822. 1 vol. in-fol. contenant seulement 17 planches de la suite, en couleur.

718 — Recollections of the italian opera, 1835, by A. E. Chalon. Drawn on stone by R. J. Lane. Sept pièces en couleur dans la couverture de publication.

719 — **Costumes** de divers pays étrangers, par Gatine, d'ap. Lanté et H. Vernet. 80 pl. en couleurs. 1 vol. in-4, demi-rel., d. orné.

720 — **Costumes** des départements de la Seine-Inférieure, du Calvados, de la Manche et de l'Orne, gr. par Gatine, d'ap. Pécheux et Lanté, contenant 45 pl. en couleurs. 1 vol. demi-rel. mar. vert. Superbe ex. très rare en cet état avec le titre.

LIVRES

721 — **Costumes** du dix-huitième siècle, tirés des Prés-Saint-Gervais, avec l'autorisation de MM. V. Sardou, Ph. Gille et Lecocq. 20 eaux-fortes de A. Guillaumot fils, d'ap. les dessins de Draner. Paris, Rouquette, 1874. Pet. in-fol., br., n. r., couvert.

722 — **Costumes** of Italy, Switzerland and France, par Bridgens. Londres, 1821. 1 vol. petit in-4, avec 31 pl. en couleurs.

723 — **Costumes et vues.** Travelling Sketches in Russia and Sweden during 1805, 1806, 1807, 1808, by R. Ker Porter. London, 1813. 2 tomes réunis en 1 vol. in-4, demi-rel. veau. Nombreux costumes en couleurs par Stadler.

724 — **Costume** (The Characteristic) of France, from Drawings Made on the Spot, with Appropriate Descriptions, by an artiste recently returned from the continent. London, Fearman, 1819. 1 vol. gr. in-4. Très belle épreuve des gravures en couleur.

725 — **Drapeaux** des Gardes nationales de Paris en 1792. vingt-trois pièces coloriées. Très belles épreuves à grandes marges.

726 — **Edwards.** Outs for inns, etched by Edwin Edwards. London, 1873. In-fol. en portefeuille.

727 — **Gems of art,** forming a choice collection, engraved from pictures of acknowledged excellence beauty and variety, painted by esteemed mastres of all ages and all countries, comme Rembrandt, Cuyp, Girtin, Gainsborough, Proccacini, Poussin, Wilson, Van der Felden, etc., et gravées par Ward, Reynolds, Bromley, Lupton. London, chez Cooke, 1823. In-fol. de 35 pl. en manière noire, demi-mar.

LIVRES

728 — **Gerning** (baron J. J. von). A picturesque tour along the Rhine, from Mentz to Cologne, with illustrations of the scenes, of remarkable events, and of popular traditions. Embellished with twenty-four higly finished and coloured engravings, from the drawings of M. Schuetz, translated from the german, by John Black. London, Ackermann, 1820. Gr. in-4, demi-mar. rouge, coins, tête dorée, dos or. Les 24 grav. en couleurs sont très finement exécutées et l'ouvrage en très belle condition. Rare.

729 — **Hogarth** (The Works of W.) from the orig. plates restored. Explications of the subjects of the plates by J. Nichols. London, s. d. 2 vol. grand in-fol., demi-rel., coins et dos veau, fil. dor. Bien complet des 116 magnifiques planches; plusieurs portr. de Hogarth.

730 — **Joly**. Arts, Métiers et cris de Paris, dessinés par Joly, d'après nature. A Paris, chez Martinet. Suite de cinquante-sept pièces numérotées et coloriées en 1 vol. in-8, cart., non rogné. Très rare.

731 — **Madou**. Physionomies de la Société en Europe, depuis 1400 jusqu'à nos jours. Quatorze tableaux par Madou. Bruxelles, 1837. 1 vol. in-fol., cart.

732 — **Moreau** (d'après J. M.). Monument du costume physique et moral de la fin du dix-huitième siècle, ou tableaux de la vie. A Neuwied sur le Rhin, 1789. 1 vol. in-fol., demi-rel. mar. rouge.

732 bis — **Saint-Sauveur**. Recueil complet des costumes des autorités constituées, civiles, militaires, et de la marine, dont les dessins ont été confiés au citoyen Saint-Sauveur par le ministre de l'intérieur, gravés en couleur par Labrousse. Paris, 1796. 1 vol. in-4, broché.

LIVRES

733 — **Sauvan** (J.-B. Balthas.). Picturesque tour of the Seine, from Paris to the sea with particulars historical and descriptive, illustrated with twenty-four highly finished and coloured engravings, from drawings by A. Pugin and J. Gendall, and accompanied by a Map. London, Ackermann, 1826 Gr. in-4, demi-mar. rouge, coins, tête dor., dos or. Les vues sont d'une exécution fine, et l'ouvrage en très belle condition.

734 — **Shakspeare** (Collection of prints from pictures painted for the purpose illustrating the dramatic works of), by the artiste of Great-Britain. Londres, Boydell, 1803. 2 vol. grand in-fol., demi-rel. Bien complet de 94 gravures d'ap. Reynolds, Wigth, Peters, Fuseli, Boydell, A. Kauffman, Hamilton, etc , grav. par Kirk, Simon, Brown, Schivanotti, Smith. Très joli frontispice, 2 portraits du roi Georges III et la reine Charlotte.

735 — **Unger.** Les œuvres de William Unger. Eaux-fortes d'après les maîtres anciens et modernes, commentées par C. Vosmar. Livraisons 8 à 14. In-fol. en portefeuille.

Imprimerie D. Dumoulin et Cie, à Paris.

PARIS
IMPRIMERIE D. DUMOULIN ET Cie
5, RUE DES GRANDS-AUGUSTINS, 5

www.ingramcontent.com/pod-product-compliance
Lightning Source LLC
LaVergne TN
LVHW020954090426
835512LV00009B/1899